前田勝

遠い家族

母はなぜ無理心中を図ったのか

新潮社

あの日

バスケ部の合宿先で、夜の練習を終えて部屋に戻ると、携帯に見知らぬ番号から電話が掛かってきた。

「いま家で大変なことが起きているからすぐに戻りなさい！」

切羽詰まった女性の声に気圧《けお》され、事情を把握する間もなく、私は慌ててタクシーを拾って家に向かった。家に着くと、そこにはたくさんのパトカーと警察官、映画でしか見たことがないような黄色いテープ。

警察官に促されるまま家の鍵を開け、中に入ると、顔をガムテープでぐるぐる巻きにされ、首と足首をネクタイで縛られた男性が、床に横たわっていた。壁には一面の血しぶき。そばには大きなハンマー。微動だにしないその男性は、半年ぶりに見た義父だった。変わり果てた姿に動揺して、体の震えが止まらない。なにが起きたのか説明もされないまま、警察署に連れて行かれた。

案内された建物に行くと、大きな棺があった。枕元には線香が立てられ、蠟燭《ろうそく》の火が灯っている。嫌な予感に足が進まない。恐る恐る中を覗くと、母が寝ていた。いや、死んでいた。

母は、義父を殺したあと、自らもマンションの屋上から飛び降りた。「世の中捨てたものではない」という言葉を私に残して。

十八歳の春、間もなく大学に進学しようとしていた私は、一人になった。

目次

あの日　3

第一章　どうしてお母さんに会えないの？　9
――韓国　0歳〜7歳

第二章　父と母と暮らしたい　21
――台湾　7歳〜12歳

第三章　母と義父との家族　39
――日本　12歳〜18歳

第四章　母のことを知って欲しい　111
――日本　18歳〜29歳

第五章　なぜ母は義父を殺したのか？　137
――日本・韓国・台湾　29歳〜34歳

第六章　父とともに生きていく　177
――日本　34歳〜現在

おわりに　187

遠い家族　母はなぜ無理心中を図ったのか

第一章　どうしてお母さんに会えないの？
——韓国　0歳～7歳

　僕の名前は趙　勝　均《チョ・スンギュン》。一九八三年に韓国人の母と、台湾人の父との間に韓国で生まれた。兄弟はいない。

　物心がついた頃、すでに両親は離婚し、別々に暮らしていた。三人でどこかに出かけたことや、なにかを一緒にした記憶もない。一緒に食卓を囲んだ思い出すらもない。そして、家族写真も一枚もない。

　僕は、母と暮らしたり、父と暮らしたり、ときには、母の親戚の家に預けられたりと、転々としていた。

　母は父と別々に暮らすようになった後、たまに会った父に対して、いつも一方的に怒っているような強い口調で話していた。気が弱いというか、人が良い父は、ただじっと苦笑いして言われっぱなしだった。仮になにかを言い返したとしても、母はそのさらに何倍も言い返していただろう。

　強い母。それが幼い頃からずっと抱いていた印象だった。子供ながら、いつも父に対して一方的に怒る母に疑問を持ち、なにも言い返さない父を情けない人だと感じていた。そして、どう見ても相性が悪い二人が、どうして結婚したんだろうとずっと思っていた。

母は体も小さく力も弱いが、とにかく負けん気が強い人だった。相手が男だろうが女だろうが、体が自分よりも大きかろうが、いつも立ち向かって行った。子供の僕から見ても絶対に勝てない相手だからやめてよと、心配しても母は立ち向かって行く。自分の正義を貫く。そんな女性だった。


そんな母は僕に対しても容赦しなかった。僕が三歳のとき、近所の雑貨屋で見かけたロボットのオモチャをどうしても欲しくなった。でも、母は買ってくれなかった。なんとかして手に入れたかった僕は、店のおじさんが他の子供の相手をしている隙に、そのオモチャを万引きした。しかし、おじさんにあっさり捕まって母を呼び出された。母が何度も謝ってくれて、家に帰してもらったが、家に帰ってからが恐怖の始まりだった。

激怒した母は、「どうしてそんなことしたの！」と言ってきたが、僕はなにも返事をすることができずに、ただ下を向いて黙っていた。すると、しびれを切らした母が、台所から包丁を持ち出して「どっちの手で取った⁉　言え！　その手を叩き切ってやる！」とさらに怒鳴ってきた。母の鬼のような形相に、本当に切られると感じた僕は、どっちの手で取ったかなんて言えるわけもなく、泣きながら必死で謝った。号泣しながら謝っても許してくれない母は、僕を押入の中に閉じ込めた。

狭くて暗い空間に入れられた僕は、ますます怖くなり、さらに泣き叫びながら母に謝った。

それに対して一切返事もなく、暗い空間の中に僕の声だけが響く。泣き疲れてしばらくうずくまっていると、ようやく許してくれて、外に出してもらえた。あのときのことは今でも鮮明に覚えている。

それからすぐに、母と二人で家にいるときに、見知らぬ男性が訪ねてきた。母とその男性がなにを話しているのかはわからなかったが、どんどん言い争いになっていく。このままでは母がその男性に、なにかされるんじゃないかという怖さから、母をなんとか守りたいと思い、流れていたラジオの音量を最大にしながら大声で泣き叫んだ。それでようやく二人の言い争いは止まった。

泣いている僕を母は優しく抱きしめてくれて、その男性も家から出て行った。それ以降、その男性が家に訪ねて来ることはなかった。

いつの頃からか、母は家にいるときには、いつもテレビから流れてくるよくわからない言葉を真剣に聞いて、ノートにもたくさん書き込んでいた。その言葉を一緒にぶつぶつとつぶやいたりもしていた。

そしてある日、母は突然僕を置いてどこかに行ったまま、家に帰ってこなくなった。当時まだ三歳ほどだった僕は、母が急にいなくなったことに戸惑い、会えなくなった恐怖から、一人でわんわん泣いた。

それからは父に引き取られ、二人で丘の上に建つ大きな団地の一室で暮らすようになった。

混乱していた僕が、すこし落ち着いてから父に聞いた話だと、母は日本という国に行ってしまったらしい。これからはなかなか会えないという。

父から発せられる言葉が理解できなかった。どうしてこれからはお母さんに会えないの？　なんで僕にはなんにも言わずに行ってしまったの？　さよならの一言だけでも言って欲しかった。なんの心の準備もないまま行ってしまうなんて。

今すぐにでもお母さんに会いたい。でももう会えない。それが受け入れられず、父に隠れて何度も夜に一人で泣いていた。母に会いたくてたまらなかった。


父は料理人の仕事で忙しく、ほとんど家にはいなかった。だから僕は、いつも団地の階段や広場で、オモチャを使ったヒーローごっこをして一人で遊んでいた。大きな団地なのに、ほかの子供が遊んでいる姿をあまり見かけたことがなく、近所に友達はいなかった。食事代としてもらったお金で買ったオモチャを、父やほかの人に見つからないように、電気メーターのボックスの中にこっそり隠していた。

一人は寂しかったが、それでも父が休みの日に、テレビを一緒に見てくれたことが嬉しかった。父なりの教育の一環だったのか、暴力的なシーンがある番組よりも、「トムとジェリー」などの平和なアニメをよく一緒に見た。

父と二人で暮らしていた時期に、母が日本から会いに来てくれたことがあった。久しぶりに会った母は、心なしか前よりもあか抜けていて、綺麗になっていた。僕に会うなり、満面の笑みで「スンギュン！」と言って抱きしめてくれた。それが照れ臭くて、まともに見ることができなかった。

でも、なにやら二人が揉めているようで、すこし怖かった。それでも、夜になると母は一緒に寝てくれて、布団の中で手をずっと握ってくれた。おでこや頬に何度もキスしてくれて、その度にこそばゆく、この時間がいつまでも続いて欲しかった。

ああ、お母さんが帰って来てくれた！　これでまたお母さんと一緒に暮らせる！　と思っていたが、何日か過ぎたある朝、起きたら母はまた日本に行ってしまっていた。今度もさよならを言ってくれなかった。

僕は、母の匂いが残る枕にしがみつきながら、泣くことしかできなかった。日に日に薄れていくその匂いが、母との距離の遠さを表しているようだった。それでも母を感じたくて、枕をぎゅっと抱きしめた。


母に会いたい寂しさはあったけれど、そばに父がいたからまだすこしは安心できた。でも、その父も仕事が忙しく、一人では面倒を見られないということで、僕は四歳の頃から韓国のおばさん二人（母の姉と妹）の家に預けられることになった。おばさんの家は、父と住んでいた街とは離れていて、それ以降まったく父と会うことはできなかった。

母の姉と妹とはいえ、ほとんど顔を合わせたことがなかった人に、いきなり預けられた。母だけでなく、今度は父も。なんでみんな僕から離れるの？　母と父の事情を理解することができずに、どうしたらいいのかわからない感情を抱えて、一人で泣いていた。

おばさんは二人とも同じ団地に住んでいた。家が隣の棟だったこともあり、姉のおばさんの家と、妹のおばさんの家を行ったり来たりさせられていた。僕には、こっちにいさせるのがめんどくさくなったからあっちに、あっちでもめんどくさくなったからまたこっちにと、邪魔者扱いされているように感じた。

母は、二人のおばさんとも会えば言い争いをしていた。だから、その二人の家に預けられて肩身が狭かった。しかもどちらのおばさんにも子供がいて、僕と自分の子供に対する接し方の違いに、ますます母が恋しくなっていった。お母さんに会いたい。そう思わない日はなかった。

おばさんたちとの暮らしの中で、母は今、日本に出稼ぎに行っている、という風に教えてもらった。でも、出稼ぎの意味はまだわからなかった。

幼稚園は、地元の子と同じところに通っていたが、小学校からはおじいちゃん（父方の祖父）が校長を務めている台湾人小学校に通っていた。

朝の通学時、僕は韓国の小学生たちと反対側に向かうため、純粋な韓国人ではないことが知られ、いじめられるようになる。同じ年頃で、同じような体格だが、数人で来られたら太刀打ちできない。ときには年上の大きな子たちにもいじめられて、何度道端に転がされ膝を擦りむいたことか。

どんなにいじめられても、なんとか仲良くできないものかと思い、明るく接しようと試みた。その度に「韓国人じゃないくせに」と冷たく突き離される。毎朝、当たり前のように外国人と言われ小突かれた。

台湾人小学校では、みんな年齢がバラバラだが、生徒が十人ほどしかいないため、一クラスで授業を受けた。十五人も入ればぎゅうぎゅうな広さの部屋が二つ。一つが授業用で、もう一つは先生用。グラウンドとは呼べないほどの広場。ボットン便所、イチジクの木。中でも印象的だったのが、周りを囲っている塀の上に、ガラス瓶の破片が、半分ほどむき出しの状態で埋め込まれていたことだ。異様とも言える見た目だが、毎日のようにいじめられていた僕は、確かにこの地で外国人が生活するには、これくらいのことは必要だと納得もしていた。

塀に守られながら、薄暗い教室の中でみんな黙々と勉強していた。父と離れて暮らすようになってからは、台湾語を使う機会がなく、普段は韓国語を話しているのに、学校では台湾語を学ぶ。外国や外国語の概念も明確にわかっていなかった僕には、その状況が訳もわからなかった。

ボットン便所に灯りはなく、底が暗くて怖かった。そのうえ、強烈な刺激臭をはなっていた。よほど我慢できないとき以外は、なるべく入らないようにしていた。

イチジクの実を興味本位で手に取って割ってみると、中は驚くほど綺麗なピンク色をしていた。そっとかじってみるととても甘かった。どうやら勝手に食べてはいけなかったようで、先生に見つかり怒られた。それでも、その美味しさに惹かれ、どうしてもお腹が空いたときはこっそり食べていた。

早く帰らないとおばさんたちに怒られると思い、学校が終わるとすぐに帰宅していた。帰宅時間が韓国の小学生たちと同じため、ついでのように「もう学校は終わったのに、お前は今から学校に行くのか」とバカにされ、小突かれる。彼らのせいで僕の手のひら、膝、脛はすり傷だらけだった。服もいつも汚されて、おばさんに嫌な目で見られた。

おばさんたちの家では、ご飯のおかわりをしたくても、いつも言い出せなかった。喉が渇いていても、夜中まで待ってこっそりキッチンに行って、やかんの水や水道水を飲んだ。

朝食の際、妹のおばさんの家族には、ヤクルトが一本ずつ配られたが僕はもらえなかった。毎朝毎朝、みんなになにを飲んでいるのだろうと不思議に思い、夜中にこっそりゴミ箱に捨ててある容器を拾って、底にたまった数滴を飲んでみた。甘くてなんて美味しい飲み物なんだと思った。それからは毎晩ゴミ箱から拾っては、数滴のヤクルトを飲むのが楽しみになっていた。いつかこれを、誰の目も気にすることなくおもいっきりたくさん飲みたいと思った。

僕が七歳の頃、学校から家に帰ると、妹のおばさんの子供がゲームをしていた。僕より少し年上の男の子。その子に、「俺はゲームやるからお前は壁を向いて正座していろ」と言われた。抵抗できるわけもなく、言われた通りに壁を向いて正座をしていると、ゲームで負けたのか、イライラして噛んでいたガムを僕の髪の毛にべっちゃりとつけた。その後、なかなか取れないガムをハサミで髪の毛ごと切られた。

彼には笑い方が気に入らないからと「おほほほほ」と笑えと強制されたこともある。自分がその家の子供だから、絶対に僕が反抗できないことを知っている。たまに一緒に遊んでくれるときも、彼の機嫌を損ねないように振る舞わなければいけない。

雪が降ったある日は、みんなは外に出て楽しそうに雪だるまを作って遊んでいたが、僕だけは家から出してもらえなかった。次の日に外に出て、みんなが作った溶けかかった雪だるまを一人で眺めた。通学の度にいじめられ、おばさんの家では肩身の狭い思いをし、なんでこんな思いをしなくちゃいけないんだろう。

外には、母と子が手を繋いで幸せそうに歩く姿。おばさんの家では、愛を十分に与えられ、誕生日になればオモチャをもらって嬉しそうに笑う子供。妹の方のおばさんに次男が生まれ、その赤ちゃんを愛おしそうに見つめるおばさん。

僕もお母さんからあんな風に愛されたい。母にはもう会えないのだろうか。


毎日のように会いたいと願っていると、母がまた会いに来てくれた。すぐにでも抱きつきたかったが、おばさんの前でそんな姿を見せると、あとで嫌味を言われるのはわかっていた。だから、素っ気なく接することしかできなかった。

でも、寝るときは二人しかいない。布団の中で手を繋いでくれて、その時間はたっぷり甘えることができた。母の温かい手と優しい微笑み。

僕はおへそのあたりにホクロがある。母に見つめられながら「スンギュンだとすぐにわかるようにつけたのよ」と言われたときは、お母さんを力一杯抱きしめた。このまま一緒に連れていって欲しい。そう願ったが、今回もきっと置いていかれることは感じていた。

このときも、母はおばさんたちと激しく怒鳴り合っていた。やめて欲しかった。母がいなくなったときに、その怒りが僕に向かってくるのがわかっていたからだ。母がいるときは、おばさんたちも僕に優しく接してくれたが、母が日本に戻ると、「なんであんたも一緒について行かなかったの?」と嫌味を言われた。おばさんたちのその切り替えの早さに、大人はなんて嫌な生き物なんだと思った。

今回も、母の匂いが残る枕を懸命に抱きしめた。けれどまた、日に日に消えていく。

母に対して、どのように思ったらいいのかわからなくなった。急にいなくなって、突然会いに来る。そしてまたいなくなる。僕と一緒にいたくないのかな? 僕のこと愛してくれていないのかな?

様々な思いを抱えながら、団地のそばの公園で座っていると、僕をいじめていた子供たちに、古びた家の一室に連れて行かれた。また殴られるのかと思っていると、この部屋には神様がいるんだと教えられた。そして、僕が持っていたお小遣いを、手のひらに載せて目を閉じてみろと言われた。言われた通りにして待つ。もう目を開けていいよと言われ、手のひらを見ると、お金がなくなっていた。

ニヤニヤしながら神様が持って行ったよと彼らは言った。手の上から取られたことに気づかないはずがない。でも、それを言ったところでお金は返ってこないし、殴られるだけだ。だから僕は、信じたフリをするしかなかった。母が会いに来たときに「スンギュンが欲しい物を買っていいからね」とこっそり渡してくれたお金だった。悔しいが、どうすることもできない。

そんな自分にも腹が立った。

その後、台湾人小学校で校長をしていたおじいちゃんが、台湾に帰ることになった。それからすこししてから、父と一緒に僕も台湾に向かうことになった。

やっとこの日々から逃げられると思うとほっとした。台湾という国はまったく知らないし、そもそも外国がなんなのかもよくわかっていなかったが、また父と一緒に暮らせる。それだけでなんでもよかった。

第二章　父と母と暮らしたい

——台湾　7歳〜12歳

父と飛行機に乗り、台湾に到着した。空港の外に出ると、韓国では感じたことがなかった湿った空気。街中は車とバスとバイクで、とても混雑していた。バスに乗ると、信号待ちをしている車の横から何台もバイクがすり抜け、あっという間に先頭がバイクだらけになった。クラクションの音も至るところから聞こえる。蒸し暑くて、危なそう、というのが最初に思ったことだった。

バスを乗り継ぎ、閑静な住宅街にある古びた外観のマンションに着いた。ここで、おじいちゃんと父と僕、それと時々父の弟である叔父さんとの暮らしが始まった。

父と僕の部屋には二段ベッドがあったが、二段目にはすでに大量の荷物が置いてあった。そのため、僕は父と一緒に一段目のベッドで寝ていた。僕はまだ七歳だったが、父と寝るには窮屈だった。それでも、今まで離れていた分、父のそばにいたかった。

台湾でも父は朝早く仕事に出かけて、帰って来るのはいつも夜十時頃。それが週に六日。だから朝も一緒にご飯を食べることはないし、昼も夜もいつもおじいちゃんと二人で食べていた。

僕は台湾の小学校に転入した。韓国で台湾語を学んでいたため、言葉の問題はなかった。しかし、転入生が珍しかったのか、色々と質問をされ、僕が韓国からやってきたこと、韓国人とのハーフであることがみんなに知られた。それからまた当たり前のようにいじめが始まった。キムチ臭いと言われたり、前日まで友達だと思っていた子が翌日に、「俺の母ちゃんが韓国人とは仲良くするなと言っていたから、もうお前とは友達やめる」と言ってきたりした。

キムチ臭いと言われても、臭さならこっちの臭豆腐の方が何倍も臭いだろ！　と心の中で言い返した。先生の中にも、韓国が嫌いなのか、明らかに僕に冷たく接してくる人もいた。体育の授業で腕立て伏せをやることになり、僕がうまくできないからか、腕立て伏せの姿勢のときにお尻を足で踏みつけられたこともあった。

国が変わってもやられることは一緒なのか。僕は韓国と台湾のハーフなのに、なんでどっちの国でもいじめられるんだろう。どこの国の人であるかがそんなに重要なのか？

学校でいじめにあう日々の中で、父が仕事終わりに買って来るジュースを一緒に飲むのが楽しみだった。夜のいつもの時間帯に、父のズボンのポケットに入っている小銭が鳴るじゃらじゃらとした音と、コンビニ袋のガサガサという音を部屋で待つ。通りから音がする度に、お父さんかな？　お父さんかな？　と、一人でわくわくしていた。

父が仕事でいないときは、おじいちゃんに面倒を見てもらっていた。晩ご飯と、学校が昼までの日は、昼ご飯もおじいちゃんに作ってもらった。学校が休みの日は、水餃子を作るのを手伝った。おじいちゃんの早朝の散歩に連れていってもらったこともある。

父は映画と小説が好きな人だった。いつも分厚い小説を持っていて、休みの日はよく映画を借りて観ていた。カーレースや銃撃のゲームも好きらしく、ゲームセンターに何度か連れていってもらったことがある。

父が休みの日に作ってくれる目玉焼きトーストがいちばんの楽しみだった。フライパンにバターを溶かして、そこにパンを入れて焼いて、目玉焼きを挟んで食べる。ただそれだけなのに、バターの甘い匂いと、目玉焼きの黄身が潰れてとろりと溢れ出る様子に、食べる前から食欲をそそられる。それを出来立て熱々のときに二人で頬張る。父が作ってくれたのは何度もないけれど、一緒にいる時間が少ない分、一つ一つが大切な思い出だった。

父が吸っていたこともあって、タバコに興味を持ち、父が家にいない隙にこっそり吸っていた。しかしある日、灰が布団に落ち、慌てて消そうとしたがうまくいかず、布団をすこし焦がしてしまった。父にタバコを吸ったことがバレて、叱られた。おじいちゃんにもそれが伝わり、なにをやってるんだと怒られた。

僕はすこしでも父と一緒にいたかった。だから学校が休みの日に、仕事場に一緒に連れていって欲しいとお願いした。父はその頃、知り合いがやっている饅頭《まんとう》屋で働いていて、そこには僕と同じ年頃の姉妹がいた。学校に友達がいなかった僕は、彼女たちと遊ぶのも楽しみだった。

頼んでおいても連れていってくれないときがあるため、前の晩に父の足と僕の足をタオルで縛って繋げたこともあった。しかし、この作戦はあえなく失敗し、朝起きたら父はいなかった。


八歳になり、台湾での生活に慣れてきた頃、僕は戸籍上八月十三日生まれとなっているのが、本当は三月十五日であることを知った。

母も父も仕事で忙しくて役所に届けるのが遅くなり、遅れすぎると罰金を支払わなければいけないために、届け出た日の近くにしたと父に教えられた。それまで、誕生日を祝われたことがなかった僕は、普通の一日となにが違うのかと気になることもなかった。


学校でのいじめは日に日にひどくなった。最初はキムチ臭いと言われて、誰も近寄らないだけだったが、徐々に、上着の背中を靴で踏まれて汚されたり、机の中やロッカーに腐った弁当を入れられたり、トイレに行くと何人かに囲まれてケンカを仕掛けられたりした。中でも一番ひどかったのが、休み時間に廊下を歩いていたら、後ろから羽交い締めにされ、前から先のとがった竹の棒で膝を刺されたことだ。

あまりの驚きと恐怖で、刺される瞬間はスローモーションのように見えた。痛みで地面をのたうち回り、出血の量を見て呼吸がどんどん荒くなっていく。

周りにいる生徒たちが騒ぎ出し、事態に気付いた先生がすぐに救急車を呼び、病院に運ばれて何針も縫うことになった。刺されたことも痛かったが、何針も縫ったこともとんでもなく痛かった。泣いている僕に、看護師さんがティッシュを渡してくれたが、あまりの激痛に、涙を拭くのではなく、力の限り握りしめて堪えていた。

幸いというか、刺した子も大事《おおごと》になったと思って、すぐにやめてくれたからよかったものの、もし、何回も刺されていたら、どうなっていたのか。考えただけで恐ろしい。

その数日後、刺した子が母親に連れられ、手土産を持って家に謝りに来た。家に来ることを知ったおじいちゃんは、僕にトイレや自分の部屋を綺麗に掃除しなさい、と言った。トイレ掃除をしながら、悪いのは完全に向こうなのに、なんで掃除までして出迎えなきゃいけないんだと思った。

しかも、おじいちゃんはその母親と刺した子に対して怒るわけでもなく、なんでもなかったかのように和やかに会話して帰した。父も同じく、怒るようなそぶりはまったくなかった。おじいちゃんはいいとしても、父には自分のために怒って欲しかった。そして、なんで怒ってくれなかったのかと不満に思った。

父の仕事が休みで、僕の学校がある日は、父がお弁当を買って学校の昼休みに届けてくれることもあった。この小学校の昼食は、弁当を持って来るか、学校の売店で買う。または、近くに住んでいる人ならお弁当を家族に届けてもらうかだった。僕はいつも売店で、冷めた味気ないお弁当を買って食べていた。だから、父が届けてくれる熱々の具沢山なお弁当がとても楽しみだった。そして父にもすこし会える。嬉しさ倍増だった。

ただ、父は髪の毛が薄くて、それを見た同級生が僕に絡んできた。僕自身のことでいじめられるのはまだ耐えることができた。でも、父がバカにされてもただ我慢することしかできなかったのは、父に対して申し訳なく感じた。

僕は変わった子供だったと思う。韓国でも、台湾でも、いじめられても、その人たちに明るく接しようとしていた。愛嬌を振りまくわけでも、取り繕うわけでもない。ただ、なんとか楽しい方向に向かうことはできないか、友達になることはできないかと、笑顔で接しようとしてしまう子供だった。

それが叶わないと知ると、膝の傷の匂いを嗅いでいた。傷から流れる血が、すこしキラキラと光って見えるのを不思議に感じたり、油のような匂いが妙に好きだった。その匂いをもっと嗅ぎたくて、かさぶたが完全に固まらないうちに剝がして、わざと血を流すこともあった。どんな味なのか気になり、血を舐めたこともあった。

それでも気持ちがどうにもならないときは、アリの群れを黙々と潰していた。台湾で暮らしていた部屋では、建物が古いからか、父も僕も食べ物を机の上に置いたままにしているからなのか、アリの群れがよく出ていた。それを黙々と、一匹ずつ、あるいは一気にたくさん潰し、指についた匂いを嗅いだり、剝がしたかさぶたを食べさせたりした。

一人でオモチャを使ってヒーローごっこをするときも、ヒーローを完膚なきまでに叩き潰すことに快感を覚えていた。正義の主人公はいつもボロボロで、それを大軍でやっつけるのが好きだった。

映画やドラマでも、いつも悪が勝てばいいのにと思っていた。映画のクライマックスで、悪人側が勝ち誇って油断している場面では、早く殺してしまえよ、とイライラした。長く話したあとに、お決まりのように逆転される展開が嫌だった。

自分の中にも誰かをいじめたいという欲望があるのか、誰にも助けられたことがないから正義を否定してしまうのか、わからなかった。

おじいちゃんは高齢のせいもあってか、たまに耳が遠いことがあった。学校から帰ってきて、マンションのエントランスの呼び鈴を鳴らしても、建物の外から住んでいる二階に向かって、鍵を開けてと大声で叫んでも聞こえないことが何度もあった。そんなときは仕方なく外で時間を潰すしかない。

すこししてまた呼び鈴を鳴らしたり、呼んだりすると、ようやく気付いて鍵を開けてくれる。しかし、こんな遅い時間までどこでなにをしていたんだと怒られる。学校でいじめられて服が汚れていることに対しても、文句を言われる。いじめのことは惨めで、父に心配させたくなかった。おじいちゃんが呼んだことに気付いてくれなかったことは、傷つけるのが嫌で言いたくなかった。だから、ただ黙って怒られる日々だった。

九歳頃だろうか、いじめとおじいちゃんに怒られる日々を過ごしながらも、同じクラスの女の子に初恋をした。大人しくて、可愛らしい子。僕はクラスの女子にも冷たい目で見られていたが、その子だけはちゃんと一人の人間として接してくれた。

その子の好きなマンガの新刊が出る度に、お小遣いで買って真っ先に読ませる。いじめのこともあって、なるべくその子と一緒にいるのを見られないようにしていた。だから、会話はほとんどなかった。それでも、マンガを渡したときにその子の笑顔を見るのが、僕にとって唯一の救いの時間だった。学年が進み、クラスが別々になっても、マンガの新刊はいつもその子に最初に読ませていた。

そのうち、いじめに耐えることに疲れてきて、学校に行くのが嫌になり、さぼるようになる。韓国では登校時と下校時の短い時間にいじめられるだけだったが、台湾の小学校では一日中一緒にいるから、もううんざりだった。

母に会いたくて、日本と台湾の距離もわからないのに、会いに行こうとしたことがある。同じく学校をさぼって、その辺をふらふら歩いていた同年代の子と、いつの間にか友達になった。一緒に川に行って、捨てられている材木を集めて、小舟を作った。それでどこまで行けるか試してみたが、一メートルも進まないどころか、川に置いただけですぐに沈んでしまった。無謀過ぎる挑戦はあっさり失敗したが、小舟を作る過程で、これで母に会えるかも知れないという希望を持てたその時間は、自分にとって大切だった。

母を思って、台湾のある歌の一部分を何度も口ずさんだ。日本語に訳すとこんな感じだろうか。「世の中にお母さんがいることは素晴らしいこと。お母さんがいる子供は宝物だ」。これを口ずさんでいると、いつかまた会えると勇気がわいた。

学校に行っていないことを悟られないように、父の筆跡を真似して連絡帳をなんとかごまかしていたが、とうとう父とおじいちゃんにバレてしまった。父はまさか僕が何日も学校に行っていないなんて思わず、怒るよりも驚いていた。おじいちゃんは、そんな僕を怒るのではなく、服が汚いことや、学校からの帰りが遅いときに言う嫌味が増していった。

服が汚れているのはいじめを受けているからで、帰りが遅いのはおじいちゃんが呼び鈴の音に気づかないからなのに。

この人はなんにもわかっていないのに、なんでこんなにも、歪んだ顔つきで嫌味を言えるんだろう。僕が何針も縫うほど膝を刺されたとき、相手には一切怒ることなく、ただ笑っていただけなのに。そんなおじいちゃんが嫌いになっていった。

おじいちゃんがいる家に帰りたくなくて、家出もするようになった。ただ、家出をしてもそれほど遠くに行けるはずもなく、近所を当てもなくぶらぶらして、夜になったら公園のベンチで寝て過ごした。

どんなに頑張っても二日と持たずに、父が帰って来る頃を見計らって、窓の下から父にだけ聞こえるような声で呼んで、中に入れてもらった。父はいつも仕方なさそうな様子で家に入れてくれたが、おじいちゃんはそんな僕に耐えきれなくなっていた。

ある日家出をしたとき、外で寝るには寒すぎて、マンションの外から父の部屋に向かって、中に入れて欲しいと呼びかけた。すると、待ち構えていたおじいちゃんは、僕が家に入るなり、自分の部屋から出て来て、僕を拳と足で殴って外に追い出した。

韓国の台湾人小学校で校長を務めていたおじいちゃんには、何度も学校をさぼっては家出をする僕が、耐えられなかったのだろうか。

そして、父も共に家を追い出されることになった。僕のせいで父にも迷惑をかけて、申し訳ないと思った。学校も転校することになった。学校にはなんの未練もなかったが、初恋の子との別れだけは寂しかった。


それからは父の知り合いの饅頭屋の、空いている部屋に一時的に住まわせてもらった。この頃の父は別の飲食店で働いていたため、饅頭屋の人に、晩ご飯を食べさせてもらっていた。

転校した学校ではいじめや差別はあまりなかったが、もう学校という場所に馴染もうとする気力もなく、魅力も感じなくなっていた。だからそれからもよくさぼっていた。

その学校で印象に残っているのは、昼休みに、教室のテレビでたまたま流れていた日本のドラマ「おしん」を知ったこと。境遇は違うし、「おしん」はドラマだが、周りからのいじめや嫌がらせを受けながらも、懸命に生きている姿に、テレビ越しに共感を覚え、勇気をもらっていた。


それからしばらくして僕が十歳になった頃に、父が見つけた新しい家で二人で暮らすようになった。六階建てのマンションの最上階の３ＬＤＫの家。リビングだけで十畳ほどあって、それぞれの部屋もとにかく広かった。僕の部屋ももらったが、物がない静かな空間に寂しさを感じ、父の部屋で一緒に寝ることにした。

すこしでも家賃の負担を減らそうと、余った部屋を女子大生限定で募集に出したが、誰も来てくれなかった。男二人の家に、しかもなぜか、トイレもシャワーも父の部屋にしかない作りの家に、女の人が越してくるわけがなかった。

父と二人で暮らすようになってからは、僕を見張る人がいなくなり、ますます学校をさぼるようになった。学校に行くふりをして、途中にあるゲームセンターでたむろする。そこで同じくさぼっている子たちと一緒に行動するようになる。

学校に行かなくなると、父にも会いづらくなり、家出の回数が増えるという悪循環に陥る。知り合った子たちも家に帰ると親に怒られるため、一緒に家出もするようになった。寝る場所は、ゲームセンターのゲーム機とゲーム機の間、マンションの一階部分の階段の裏のスペース、公園のベンチなど。それぞれの親に見つかることを恐れて、行動範囲を広げるために自転車を盗んで、台北にあるゲームセンターと公園を回った。

気がつけば一緒に行動する子がどんどん増えていき、多いときは五人の仲間がいた。年下の子、同じ年の子。相性が悪い子同士が一緒のときはケンカをすることもあったが、みんな一人だと心細いのか、基本的には一緒についてくる。誰がリーダーかは決まっていなかったが、僕が家出をすると、その日その日で、誰かがついて来て一緒に行動するというパターン。

みんな自分の家庭の問題だけで精一杯で、必要以上に詮索することはなく、ただ一緒にいて、バカなことをして遊んでいた。

でも、将来の理想の家族の形はよく語っていた。子供は三人欲しいとか、お金持ちになって絶対に美人と結婚するんだとか、アメリカで金髪の女と結婚する！　と言っていた子もいた。

理想というよりも下らない妄想をみんなで笑いながら語っていた。

僕は将来のことは思い浮かばなかったが、みんなの話を聞くのは大好きだった。なによりこの子たちは僕を外人だと差別してこないことが嬉しかった。


あるとき、一緒に家出をした子の親に見つかり、「あんたと一緒にいるから、うちの子は学校をさぼるようになって、家にも帰って来なくなっている。もううちの子には二度と関わらないでくれ！」とこっぴどく怒られたことがあった。

俺は一度も一緒に家出をしてくれなんて頼んだことはないし、そっちの家庭の事情で家出をしたのに、俺のせいにするなよと思った。その子たちはたとえ親に捕まって怒られても、痣ができるまで殴られても、また僕と一緒に笑いながら怒られた話をして共に過ごした。

家出中はとにかく空腹との戦いだった。みんなの持っている小銭を集めてインスタントラーメンを一袋だけ買って、茹でずにそのまま分けて食べたり、一杯のルーローハンを半分ずつ食べたり、公園の水をがぶ飲みして空腹をごまかした。甘い蜜がちょっとだけある花を見つけたときは、むさぼるように吸っていた。

どうしようもなくお腹が空いて、我慢ができないときは、自分よりも幼い子供からカツアゲもした。車の窓を割って、中の小銭を取ったこともある。お寺を見つければ、お供え物を盗んだりもしていた。やれることはなんでもして飢えを凌いだ。


父が仕事でいない時間を見計らって、家で過ごしていたこともある。タバコの買い置きを勝手に持ち出してよく吸っていた。父は、家出をしている僕のことを心配して、すこしのお金と「学校にも行かず、家にも帰って来ないことを心配している。早く家に帰って来なさい」と書いた手紙を部屋に置いてくれたこともあった。それを見て申し訳ないことをしていると思うし、まじめに学校に行きたいけど、もう自分でもどうしたらいいのかわからなかった。

ある日、マンションの一階の階段の裏で寝ていたら、朝、警察官に叩き起こされて、そのまま警察署に連行されたこともあった。父に連絡が行き、警察署まで迎えに来てもらう。そんなことは初めてだった。そのときの父の悲しそうな表情を、まともに見ることができなかった。

ほとんど行かなかった小学校だったが、卒業式の知らせがきた。気乗りしなかったが、最後ということで参加することにした。

小学校卒業。なに一つ実感が湧かなかった。思い出と言えば、たまに出席すると周りから冷たい目で見られたことか、宿題をやってこなかったせいで先生に棒で手を叩かれたことくらいか。

周りを見れば、それぞれが別れを惜しんだり、先生と名残惜しそうに挨拶したりしている。僕はなにをしていいのかわからずに、一人隅っこで過ごしていた。もらった卒業アルバムを見ても、なにも思わなかった。

台湾にいた七歳から十二歳の間に、母は日本から三度会いに来てくれた。一度目はまだおじいちゃんと一緒に暮らしていた七歳の頃。そのときは忍者がスケートボードの上に乗っているという、いま思えば組み合わせを疑ってしまうようなオモチャを買ってくれた。それを持って母と一緒に池がある大きな公園に遊びに行った。オモチャではしゃぐ僕を母はとても嬉しそうに見ていた。

僕も母に会えて嬉しかったが、母はこのときも父に対して何か怒っているような口調で話していた。父はじっと耐えているのか、なにも言えないのか、ただ聞いていた。

気が強い母と気が弱い父。本当になんでこの二人は結婚したんだろう。僕が大きくなるにつれて、その疑問もどんどん大きくなっていった。母は韓国で何度も僕を置いて行ったように、台湾でもすこし会ったらまたいなくなる。この人は、僕の本当の母親じゃないんじゃないかと考えたこともあった。

二度目は、僕と父が二人で暮らし始めた十歳のとき。このときも二人は揉めていた。段々と、父に強い口調で話す母が嫌になり始める。母のことは大好きだったが、父と一緒に過ごしている間に、父にも情が移ってきていた。お父さんにそんな風に強く言うのをやめてよ、いじめないでよ、と思うようになった。

二人の離婚も、最初は父に甲斐性がないからと思っていたけど、母が悪いんじゃないかと思うようになった。すこしずつ、母と一緒にいても素直に喜べなくなっていった。

三度目は、中学に通い始めてすこし経った頃。母は突然、僕を日本に連れて行こうとした。そんな話は聞いていなかったが、父も僕の意見を聞かずに日本に行って欲しいと言った。通っていた中学校にも、すでに退学届を出していると言われた。急なことで受け入れられなかった。ずっと母が恋しかったし、一緒に住める嬉しさはあったが、父と離れることが嫌だった。しかも知らない国に行ったらどうせまた外人としていじめられる。日本語なんてヤクザ映画で覚えた「馬鹿野郎」くらいしか知らないのに。さらに、日本人の新しいお父さんがいるという。

なにもかも初耳で、しかも展開が早すぎて心の準備がなに一つできていない。僕は台湾の父が好きで、母と三人で一緒に暮らしたいと思っていたのに。なんでまた離れ離れにならなきゃいけないのか。新しいお父さんってなに？　なんでいつも誰も僕の意見を聞こうとしないで勝手に全部決めちゃうの？　嫌だ。日本に行きたくない。父と離れたくない。

母がそばにいるのもお構いなしに、僕は泣きながら父に日本に行きたくないと必死で訴えた。でも、もう決まったことだと父は聞いてくれない。母は僕と一緒に住めるのが嬉しそうだったが、その様子がまた嫌だった。

だから僕は、逃げようと決めた。日本に発《た》つ前日はホテルに泊まるらしい。どこかで逃げなければ。当日、そのチャンスはすぐにきた。ホテルに行く前に、フードコートでご飯を食べようと母が言った。そこで母がトイレに行った隙に僕は走って外に逃げた。

外に出たら、バスが来ていた。行き先もわからないまま、とにかく遠くに逃げたい一心でそのバスに飛び乗った。外から見つからないように身を屈めて席に座った。動悸が止まらない。とんでもないことをやってしまったと思ったが、それ以上に日本に行きたくなかった。もうどこかの外国に行くことも、知らない人と一緒に住んで肩身の狭い思いをするのも嫌だった。

母から逃げたあと、父のいる家に戻るわけにもいかず、そのまま家出することになった。今回の家出は、今までとは訳が違うことがわかっていた。だから、一番長期の家出になった。それでも一週間弱くらいだろうか。その間はゲームセンターで知り合ったチンピラみたいな人たちの世話になって、雑用を手伝いながら寝る場所と食事をもらっていた。

そんな生活になんの意味もないことを感じ、あてもなく歩いていると、自然と家の近くにたどり着いた。ドアの前に立って聞き耳を立てると、中からテレビの音が聞こえる。父が家にいる。気持ちが弱っていた僕はすぐに父に会いたいと思った。でも、どんな顔をして戻ればいいのかわからなかった。

どうしたらいいのかがわからず、家の前を何度も往復していたら、外に出てきた父とばったり会ってしまった。走れば逃げることもできたが、見つかってどこかほっとした部分もあったのか、一歩も動くことはなかった。そして父の顔を見て、俺は親をなんて気持ちにさせてるんだと、ひどく後悔した。父に無言で連れ帰られたことにより、僕の逃亡劇は終わった。

人の良い、温厚な父。怒ったとしても一言、二言注意する程度だったが、このときは厳しく叱られた。殴られはしなかったが、胸倉を摑まれて壁に押しつけられて、「頼む、俺のためと思って日本に行ってくれ」と懇願された。そして、父が心臓病を患っていることを告白された。

自分の病気のことで、この先どうなるのかもわからないのに、息子はまじめに学校にも行かず、家出もしょっちゅうする。なんとかしたいけど、自分も仕事でほとんど家にいない。父も僕をどうしたらいいのかわからず悩んでいた。

「もう俺じゃお前の面倒を見ることはできない。だから日本に行ってちゃんとした生活を送って欲しい」

と頼まれた。これまで何度も、母や父や韓国のおばさんたちの都合で転々としてきた僕は、父の思いを素直に聞き入れることができず、また見捨てられたと思った。

面倒を見ることができないから日本に行って欲しい。そんな勝手な頼みはもういい加減にしてくれ！　僕は散々悪事を働いて、父にたくさん迷惑をかけているのに、そんなことしか思えなかった。だが、日本に行くことは、もう受け入れるしかなかった。


それから父が母と連絡を取り合い、僕が見つかったこと、日本に行くことを伝えた。日本に行く前日の夜。僕はまったく寝付くことができなかった。父が寝ている隙にまた家出しようかと考えた。また知らない国。しかも新しいお父さん。僕にとって、お父さんは一人だけなのに。でも、父の寝顔を見ていると、これ以上悲しませることはできないと思った。父の病気のこともあるし、もう家出することにも疲れていた。それでもどうにか台湾に残りたい。色々なことを考えながら悶々として朝を迎えた。

父に空港までバスで送ってもらう。このバスから降りたらお別れだ。すこしでも話していたいが、なにを話したらいいのか思いつかない。いつまでも空港に着かなかったらいいのにと、外の景色を見ながらぼんやり祈ることしかできなかった。

日本に行ったら次はいつ台湾に戻って来られるのか。父に聞いても、それはわからないと言われた。なんでいつもどちらかと離れ離れにならなきゃいけないんだろう。なんで家族で一緒に住めないんだろう。

父に空港のゲートまで見送ってもらい、そこで「俺のことは心配しなくていいから。お前は日本でお母さんと幸せに暮らしなさい」と言われた。

そんなこと言うなよ。心配するに決まってんじゃん。心臓病だよ。詳しくはわからないけど、重い病気でしょ？

そう言えるわけもなく、ただ曖昧に「うん」と答えるだけだった。僕がいつまでも中に入らないのを見て、父は早く行くように促し、自分から手を振り、出口に向かった。

その瞬間に、父が作ってくれた目玉焼きトーストや、一緒にゲームをやったことが脳裡に浮かび、気付いたら涙が溢れていた。

なんとかゲートの中に向かうが、すぐにふり返って父を見る。見えるのは小さくなった父の背中だけだった。

第三章　母と義父との家族
――日本　12歳～18歳

十二歳の秋を迎える頃、一人で飛行機に乗り日本へ向かった。初めて一人で乗る飛行機。それだけでも不安でしょうがないのに、今から向かうのは言葉もわからない国。そこには会ったこともない新しいお父さん。嫌で、嫌で仕方がなかった。学校に行ったらまたどうせ外人とかキムチ臭いって言われていじめられるんだろう。新しいお父さんもハゲていたらそのことについてもいじめられるんだろう。

母と一緒に暮らせるとはいえ、不安が大きすぎた。台湾を出たときはまだ明るかったのに、日本に着く頃にはすっかり日も落ちていた。僕が迷わないように、客室乗務員さんが飛行機から空港の到着ロビーまで案内してくれた。

到着ロビーでは、母が満面の笑みで待っていて、会うなり僕を抱きしめてくれた。母に会えて嬉しい気持ちもあったが、その隣に男性が立っているのが見えた。恰幅の良い、色黒の男性が優しく微笑んでいる。義父との出会い。義父は長財布を後ろポケットにしまっていて、半分はみでていた。不用心で盗みやすそうだな、と思った。これが義父に対する第一印象だった。

それから義父の車に乗って家に向かった。車内で上機嫌な母が義父になにやら話していて、義父は言葉少なに返していた。内容がまったくわからない。

ときおり母から韓国語で話しかけられるが、僕は「うん」「うん」と気のない返事をするのが精一杯だった。台湾で生活していた約五年の間に、僕は韓国語をほとんど忘れてしまった。母は韓国語と日本語しか話せず、僕は台湾語と、忘れかけている韓国語しか話せなかった。だから、僕が日本語をある程度話せるようになるまで、母と僕はあまりコミュニケーションが取れなかった。

変わっていく景色を見ながら、日本に来てしまった、台湾の父と離れてしまったと実感し、父に会いたくてたまらなくなった。台湾にいた頃は母に会いたかったのに、今度は父に会いたい。なんだこの状況は。なんだこの感情は。誰に対して、なにに対して、どう思ったらいいのか。

「馬鹿野郎」という言葉しか知らないこの国で、僕は生活していけるのだろうか。義父は僕のことを好きになってくれるのだろうか。僕は義父のことをお義父《とう》さんと呼べるのだろうか。ここでも学校をさぼったり、家出をしたりするのかな。母は怒らせたらめちゃくちゃ怖いから、家出したらどれくらい怒られるのかな。僕の不安をよそに母は終始楽しそうに話していた。台湾に帰りたい。車の中で何度もそう思った。

食欲はなかったが、途中でマクドナルドに寄ってハンバーガーを食べた。そのときに、義父が微笑みながらオモチャもいる？　というジェスチャーをしてくれたが、十二歳の僕にマクドナルドのオモチャは必要なかったのと、そもそもそんな気分ではなかったから首を振って断った。

マクドナルドは台湾にもあるが、注文の仕方も味付けもすこし違っていて、そこで外国に来たことを実感した。食べ終わってからさらに車で走り、二階建ての小さなアパートの前で止まった。家は二階だった。中に入ると、狭いリビングと小さい部屋が二つのこじんまりとした家だった。

リビングの目立つところには、母と義父の楽しそうなツーショット写真が飾られている。新婚旅行で撮った写真のようだ。台湾の父といるときには、見たこともない母の笑顔がそこにはあった。ああ、母と父は本当に離婚して、母は別の男の人と夫婦になったんだ。僕の知らない母がそこにいた。そして、三人での暮らしが始まった。

前日の夜からあまり眠れず、空港で泣いたこともあり、僕はかなり疲れていた。眠そうにしていたからか、母が布団を用意してくれて、僕はすぐに寝ることにした。それでもまだ緊張していたからなのか、深く眠ることができずに、時々目が覚めてしまう。リビングから話し声が聞こえる。なにを話しているんだろう？　そして気がつくと、母が僕の横に来た。

韓国でも台湾でも、母はいつも添い寝して布団の中で手を握ってくれた。日本に来た最初の頃もそうしてくれた。母はいつも微笑みながら僕を見つめてくれる。僕もその時間が大好きだったが、日本に来てからは素直に喜べなくなった。

そんな僕に母は、「スンギュンは耳の形が悪いのよ。小さい頃に耳を触っていい形にしようとしたけど、スンギュンはいつもそれを嫌がっていたわ」と愛しそうに語り掛けてくる。しかし、その言葉が僕の心に入ってくることはなかった。

母は僕に会えなくて寂しいときは、すこしでも僕のそばにいるつもりになれるよう、台湾バナナを食べていたと言った。とくに、日本に連れて来ようとしたのに、僕が逃げたときは、泣きながら台湾バナナを食べたそうだ。

日本に来て最初の頃は、母に役所みたいなところや、門構えが立派な家など、色々なところに連れて行かれた。母はたくさんの書類を書いては窓口の人に渡したり、立派な家に住む「先生」と呼ばれる人と長い時間話をしたりしていた。

当時の僕は言葉の意味は理解できなかったが、日本の義父と養子縁組というのを交わし、義理の親子になった。それを日本では「ままはは」「ままちち」という風に言うんだよとも教えられた。その言葉の響きが妙に耳障りだったし、義理の親子がなんなのか、その関係性を理解することも、受け入れることもできなかった。

父は台湾にいるのだから、僕の父を奪うな。勝手に僕の義父になるな！　誰も僕の気持ちなんて一言も聞いてくれない。そんな母が、父が、大人たちが、大っ嫌いだった。

なにもかもどうしたらいいのかわからなかった。家出したくても言葉もわからない、お金もない、どこになにがあるのかもわからない。台湾に帰りたくても帰れない。たくさんのストレスからか僕は十二歳でおねしょをした。母に「こんな年になってもおねしょをするなんて恥ずかしい」と言われたが、すべての原因はあんたたちにあるんだよ！　と言ってやりたかった。

すぐに学校に通うのだと思っていたが、しばらくは行かなくていいようだった。家にいてもやることがないし、近所の子たちと遊ぶにしても日本語がまったくわからない。だから、よく母にパチンコ屋に連れて行かれて、そこで一人で時間をつぶしていた。お腹が空けば、自販機で焼きそばや焼きおにぎりを食べた。

パチンコ屋の近くのレンタルビデオ屋に、一台だけ格闘ゲームが置いてあって、一人でそこでゲームをやることもあった。知らない大人の人に何連勝もしてしまって、帰り際に背中を殴られたこともある。

台湾でもそういう目には何度もあっていたからなんとも思わなかったが、やっぱり国が変わってもそういう大人はいるんだと呆れた。


どうやら翌年の四月、次の年度から中学校に入学するために、待っているんだとわかった。それまでの間にすこしでも日本語を上達させるために、日本語学校に通うことになった。

日本語学校での勉強に加えて、家でも母に日本語を教わった。ひらがなとカタカナの五十音をノートに書き、その下に台湾語で発音を書いて覚えた。また、母から、「かわいい」と「かわいそう」は似たような言い方だけど、「かわいそう」は人に言ってはいけないと教わった。

その他にも、テレビで「北斗の拳」や「行け！稲中卓球部」などのアニメを見て日本語の勉強をした。テレビから流れてくる地下鉄サリン事件や、阪神・淡路大震災のニュースを見て、日本はなんだか怖い国だなとも思った。

日本語学校に通うために、初めて電車に乗ることになった。電車の中にある文字も、流れてくるアナウンスも、なに一つわからなかった。台湾も漢字を使う国だから読める文字はあったが、間にひらがなやカタカナがあり、意味まではわからなかった。

日本語学校まで、母が毎日送り迎えするわけにもいかず、一日かけて、母に自宅の最寄り駅から、日本語学校がある駅までを何往復もして教えてもらった。その度に改札を出るとお金がかかるため、改札を通らずに何度も自宅の最寄り駅と、学校の最寄り駅までを往復して、すこし慣れてきたら、母とは別の車両に乗って、ちゃんと目的地の駅で降りられるかを見てもらった。

財布の中に、自宅と義父の会社の電話番号が書いてある紙も入れて、なにかあったときのために千円札も入れてもらった。

日本語学校に通っているのは大人ばかりで、最初は物凄く緊張したが、まだ小さい僕をみんなで可愛がってくれたから、すぐに馴染めた。

タイ、ベトナム、カンボジア、ミャンマーなど、色々な国から来ていて、それぞれ自分の生活や、国にいる家族のために一生懸命勉強している姿が印象的だった。また、韓国と台湾から来ている人もいて、日本に来て心細かった僕にとって、とても頼れる場所だった。

韓国では僕が三歳のときに、母が日本に行ってしまっていたため、日本に来てから初めて母の手料理を食べた。韓国で親戚の家に預けられていた頃は、ご飯のおかわりをためらい、台湾では家出ばかりを繰り返し、きちんとご飯を食べていなかった僕は、あばら骨が浮き出るほどやせ細っていた。

そんな僕に、母は「海苔あげようか」「キムチも食べる?」「魚の骨を取ったから食べて」などと、たくさん食べさせてくれたおかげで、僕はどんどん体格が良くなっていった。

ただ、まだ慣れない義父と食べるのは、義父も気まずそうだった。それでも、ぎこちないけれど、初めてちゃんと家族で食べる晩ご飯。食卓には母がいて義父がいて、僕がいる。三人でテレビを見ながら母が作ったご飯を食べる。台湾の父を忘れられるはずがなく、心を許せたかと言われたらまだまだだけど、それでも、家族という形がとても嬉しかった。

朝起きると義父は出掛けていて、いつも夕方頃に泥だらけになって帰って来る。それを母はいつも「あなた、おかえりなさい」と迎えていた。義父がどんな仕事をしているのか、説明されても理解できなかったが、3K(きつい、汚い、危険)という言葉が印象深かった。人がやりたがらない仕事。それをやっているそうだ。

母も義父も、二人ともよくタバコを吸っていた。僕も台湾にいた頃は吸っていたが、それは単にかっこつけと空腹を紛らわすためにふかしていただけで、本当はタバコの煙が苦手だった。二人ともひっきりなしに吸っていたからいつも煙たくて嫌だった。とくに車で移動するときは、煙たくて煙たくて辟易した。家で義父がタバコを吸っているときは、そっとそばを離れる。それを義父は、まだ自分に懐いていないと感じて気にしているようだった。タバコの煙が嫌だっただけなのに、日本語で説明することもまだできず、そう思わせて申し訳ないと思った。

義父も僕とコミュニケーションを取りたいのか、アパートの前の駐車場で、ゴムのボールで遊んでいると、仕事帰りの義父がやってきて、一緒にキャッチボールをしたことがあった。人生で初めてのキャッチボール。台湾の父とは違うコミュニケーションの取り方だった。言葉はまだ通じなくとも、義父の優しさを感じられる時間だった。そしてそのゴムボールにローマ字で苗字を書いて、自分の名前はこう読むんだよとも教えてくれた。

あるとき、日本語学校で習った「いぬ」という単語を、義父に何気なく言ってみた。それのなにが嬉しかったのかわからないが、その足でゲームショップに連れていってくれて、当時出たばかりのプレステと「アークザラッド」というソフトを買ってくれた。子供にとって最新のゲーム機というのは、凄まじい威力を発揮し、義父に対する警戒心が一気に解け、すこしずつ、僕も義父に懐くようになった。

二か月ほどして、日本での生活にようやく慣れてきた頃、台湾の父から手紙が届いた。

「日本での生活にすこしは慣れたか？　よく日本語を勉強しなさい。日本語ができないとお母さんと話すこともできないでしょ？　誰しもお母さんはいる。でもお母さんと会話ができなかったら、いないのと同じでしょ？　お母さんはお前のことを愛していて、会話をしたいと思っている。でもお前が日本語を理解できなくて、会話ができないから、お母さんはとても辛い思いをしている。お前もお母さんのことを愛していると思うから、日本語の勉強をがんばりなさい。お母さんとお父さんが離婚をしたのは、お母さんのせいじゃない。だからお母さんを責めるのはよしなさい。人の苦しみを理解できるようになりなさい。お父さんはいま心臓病を患っていて、もうお前の面倒を見ることはできない。いま一生懸命治療をしていて、治ることを祈っている。そうしたらまた一緒に住むこともできる。お母さんとお父さんの思いを理解できることを祈っている」

どうやら母は、僕の日本での状況を、電話で台湾の父に伝えているらしい。でも、そんな手紙を読んでも、母を素直に受け入れることができなかった。

日本語学校に通い始めてすこし経った頃から、家に帰っても母と義父がいないのが当たり前になった。夕食代だけがテーブルの上に置いてあって、それを使って一人でご飯を食べる。

冬の寒い日に、雪で靴の中まで濡れながら日本語学校から帰宅した。そのときもお金だけが置いてあるのを見て、俺は一体ここになにしに来ているんだろうと、途方に暮れたような気持ちになった。母が帰って来たときに、僕がそのことでふてくされていると、「そんなことでいじけるんじゃないよ」と怒られた。

なんで怒られなきゃいけないんだ。一緒にいたいから台湾から呼んだんじゃないのか。それなのに僕のことをほったらかして、パチンコや飲みに行く。面倒を見たくないのなら台湾に帰して欲しかった。

義父とも少し打ち解けてきた頃、バラエティー番組の中に出てきた「なんでや」という日本語を気に入ってしまい、義父がリビングで休んでいるところに「なんでや」「なんでや」と連呼したら、しつこく言いすぎたのか、突然頬を平手でぶたれた。それを見ていた母が「ぶつほど怒らなくてもいいじゃない」と義父に言ってくれたが、ぶたれた僕は凹んでしまい、頬も痛いしで、そそくさと別の部屋に逃げた。台湾の父にも、もちろん母にもぶたれたことがなかったのに。僕が悪いとはいえ、親と言える人に初めてぶたれて、かなり落ち込んだ。

母が太ってきたことを気にしだし、ダイエットのために、昔やっていたランニングを再開することになった。それに無理矢理付き合わされて、冬の寒い早朝に一緒に外を走ったことがある。母はよほどお腹のたるみを気にしていたのか、サランラップでお腹の周りを何重にも巻いた。

母と二人並んで走る。朝の清々しい空気。のどかな街の風景。でも坂が多くてきつい。身体を動かすのは気持ちいいが、今までほとんど運動らしいことをしたことがなかった僕は、すぐに息が上がってしまった。横を見ると、母は真剣な表情で前を見て走っている。体力が持たなかった僕を家まで送ったあとにも、母は一人で走りに行った。それ以降一緒に走ることはなかったが、母はしばらくの間、週に一〜二度のペースで走りに行っていた。

義父は建設会社を経営していた。以前は母も現場に出て手伝っていたようだが、僕が日本に来るすこし前からは、義父の会社も安定してきて、母が現場に出ることはほとんどなくなっていた。

母は義父が会社を設立したての頃に、毎日のように現場に出て働いていたらしい。力仕事は無理だったが、細かい作業や溶接などを手伝っていた。母はパンツまで汗びっしょりになって手伝っていたと、義父から教えてもらった。

当時はまだ現場に簡易トイレはなく、男性ならその辺で小用を足せたが、母のために義父が「コーヒー代持って喫茶店に行ってトイレ貸してもらえ」と言っても、母はお金がもったいないからと、その辺の草むらで済ませていた。そのことについて、義父は「いい根性をしている女性だ」と僕に言ったことがある。

日本語学校にすこし通っただけでは、僕の日本語はまだ日常会話も覚束なかった。幸い、家から通えるところに、外国人と帰国子女のみを受け入れている、中高一貫の国際学校があった。その中学校の入試を受けに、母と一緒にスクールバスで学校に向かった。

スクールバスの中で、すこしやんちゃそうな男子生徒が、バスの床に座っていたのを母が見て、「あんたの服を洗濯するのは私だから、あの子と同じように床に座ったら容赦しないからね」と凄まれた。お前のせいで俺が怒られたじゃないかよ、と見も知らぬ男子生徒を恨んだ。

入試では数科目をやったが、日本語の読み書きが全然できなかった僕の解答用紙はほぼ空欄だった。でも、母が教師との三者面談のときに「この子は入学したら一生懸命がんばりますから」と言ってくれたのと、外国人や帰国子女が学校で差別を受けたり、いじめられたりしないように、そういう生徒を積極的に受け入れてくれる学校だったこともあり、無事に合格できた。

十二歳の春、国際中学校に入学。良く晴れた気持ちの良い日だった。初めて着る制服のジャケットにネクタイ。ネクタイは、母に結んでもらった。ジャケットは肩が動かしにくく窮屈だった。制服姿を鏡で見てみると、見慣れない姿に照れて思わず笑ってしまう。そんな僕を見て母も嬉しそうに笑っていた。

入学式には、母と一緒に車で学校に向かった。道中、どんな学校生活になるのだろうかと考える。外国人や帰国子女ばかりの学校とはいえ、これまでされてきたことを思うと不安の方が大きかった。

学校に着き、教室に入ると、みんな同じ制服を着て席に座っている。外見で西洋人だとわかる子もいた。みんな緊張しているのか、じっと座っているだけで、とても静かだった。そこに担任の先生が入って来た。一目見ただけで若くて明るい人だとわかる。ときおり冗談を交えながら自己紹介をしていた。冗談の部分は理解できなかったが、周りの何人かが笑っていて、それでなんとなく楽しいことを言っているのだと感じていた。

先生の説明が終わり、全員で講堂に移動して、いよいよ入学式が始まる。講堂の扉が開くのを入口で待つ。中で誰かがなにかを説明しているのが聞こえて、「新入生の入場です」という声が合図となり、目の前の扉が開いた。

外で待機しているときには想像もできないほどの、巨大な空間がそこにあった。その大きさに圧倒され、前の生徒にただついて行くことしかできず、気がついたらホールの最前列の方にいて、席に座った。そこから校長先生の話が始まったが、僕はずっとこのホールの大きさに驚いていて、その間に入学式が終わってしまった。

　そこから学校の中庭で、クラス写真の撮影が行われた。まずは先生と生徒だけで撮る。母がとても嬉しそうに僕の方を見ていたのが印象的だった。それから保護者を入れての撮影も行われた。

　すこしずつ緊張がほぐれてきて、ようやくクラスメイトたちの間で会話が生まれ始めた。すると幸運なことに、同じクラスに台湾人の子がいるのを見つけた。まさか台湾から来た子がいるとは夢にも思わなかった。

　そして、部活というものも知って、マンガ『スラムダンク』の影響でバスケ部に入部した。そこでも大切な仲間ができた。人種差別やいじめのない学校生活。初めて学校という場所が楽しいと思えた。しかし、学校生活が楽しくなる一方で、この頃から家庭の雰囲気が徐々に悪くなっていく。

　ある休みの日のこと、家でテレビを見ていると、義父が不機嫌そうに帰ってきた。なにかあったのかなと思っていると、義父の苛立ちがどんどん増していくのが伝わってくる。

　そして義父から、「お母さんがいつものパチンコ屋にいるから、スンギュンが行って、お母さんに早く家に戻って来るように伝えて来て」と言われた。いつもと違う義父の様子に怯《おび》えながら、僕は急いで自転車で向かった。パチンコ屋で母を見つけ、義父からの伝言を伝えた。

僕がパチンコ屋から戻って間もなくして、母が帰って来た。義父は母に怒った。二人のやりとりを聞いていると、どうやら母は会社の大事なお金が入った封筒を、車に置いたままパチンコに行ったらしい。それを見つけた義父が激怒したのだ。

完全に母が悪いのに、母は立ち向かう。自分が悪いときは素直に謝ればいいのに、どうして母は強気な態度を取れるのか不思議だった。しかも義父のように体格が倍もあるような男に。心の中で母にもうやめてよ、それ以上立ち向かわないでと思い、義父にどうか母を殴らないでと祈った。

狭いリビングの中、怖くてその場から離れたかったが、母が心配で、端っこで様子を見守っていた。緊迫した空気が流れる中、こんなときでも自分のお腹が空くことに呆れた。でも、二人の雰囲気を見ると、とても一緒にご飯を食べられる様子ではなかった。仕方なく、リビングのそばにあるキッチンで、インスタントラーメンを作って食べようと、お湯を鍋で沸かして沸騰するのを待っていた。すると、二人の怒りがヒートアップしてきて、ついに取っ組み合いのケンカになった。

腕力でかなわない母は、お湯の入った鍋を振り回した。そんな母を義父はなんとか押さえ込み、自分ではもうどうにもできないと思ったのか、僕に「スンギュン、お母さんにやめろと言え」と言った。なんとかまだ覚えていた韓国語で、母にもうやめてよ、と言うが、その言葉は届かず、母は力の限り抵抗していた。義父も、怒るよりも呆れる方に気持ちが傾いたのか、母を押さえることをやめ、そのまま家から出て行った。

僕は濡れている床を雑巾で拭き、母は一人でリビングにぽつんと座っていた。大人の本気のケンカ。怖くて僕の体は震えていた。後に覚えた日本語でこのときの様子を表すなら、間違いなく「修羅場」だった。

それからしばらく経ったある日、学校から家に戻ると、母が慌ただしく外出の準備をしていた。一緒にご飯でも食べに行くのかと思っていると、カバンの中から小さな機械を出し、義父が浮気をしている、今からその相手のところに行って、このボイスレコーダーで証拠を摑んで来ると言った。そして、「スンギュン、もし、今日お母さんが家に帰って来なかったら、あんたは警察に電話するか、学校の友達の家に電話して友達を頼りなさい」と言われた。

まだ中学生で、しかも母の日本語もよく理解できなかった僕は、浮気ってなんだ？　と思った。ただ、母のただならぬ勢いに、これは前のケンカよりもさらに危険だと感じた。そして、母はもしかしたら、もうこの家に帰って来ないんじゃないかと不安を覚えた。

母を止めるべきだと感じたが、その背中からは簡単には止められない雰囲気が漂っていて、僕が怯《ひる》んでいるうちに、覚悟を決めたように家から出て行った。

母が帰って来るのを部屋で一人で待つ間、心配で心配でしょうがなかった。警察に電話するといっても、僕のつたない日本語でこの状況を説明できるのか。そもそも僕自身が事態を把握していない。

母と親しくしている同級生の親に電話をするべきか。一人であれこれ悩んだ。夜になっても母が帰って来る気配はなく、眠くても心配で寝られない。どうすることもできずにただ待っていると、夜遅くに母は一人で家に戻って来た。

戻って来た母はなんだかやつれているようで、とても話しかけられる雰囲気ではなかった。それでも、母が戻って来たことに安心しつつ、夜遅くまで起きていることで怒られないようにすぐに布団に入った。義父はその日、家に帰って来なかった。

その数日後、母にしゃぶしゃぶ屋に連れて行かれると、そこには会ったことのない女性がいた。二人の日本語のやりとりは、難しい言葉が多くてよくわからなかった。しかし、女性が言った「あの人の女好きは病気だから」という言葉が記憶に深く残っている。話し合いを聞いていると、母と義父の仲を、その女性が取りなそうとしてくれているのはわかった。後にその女性は義父の親族だと知った。

その食事から数日後、家に帰ると、母と義父がリビングで話し合っていた。例の浮気についてだ。しかし、このときの話し合いでは、前のような怖い感じはなかった。母は落ち着いていて、義父がすこし恐縮しているようだった。

すると、義父が突然土下座し「最後にもう一度だけ会わせてくれ、頼む」と母に言った。それに対して母は優しく「いいけど、会って帰ってきたら、これからは私にも優しくしてよ」と義父に返した。

夫婦にとって浮気がどんなものなのか、理解するには経験も知識もなかった。でも、最後にもう一度だけ会わせてくれと頼む義父。それを受け入れ、これからは私に優しくして欲しいと伝える母。それがどんなことなのか肌では感じていた。

そして、母の寂しそうな表情とその言葉が、義父の情けない姿と声が、記憶に深く残っている。

義父が家を出るときに僕の横を通った。とてもじゃないが、義父の顔を見られなかった。義父が出て行くのを、母がただじっと耐えているのを見ることもできなかった。すこし前まで和やかに、楽しく食卓を囲んでいたのに。どうしてこうなってしまったのだろう。


ここまでが、日本に来て約半年の間の出来事だ。浮気の件で多少はぎくしゃくするのかと思っていたが、意外とすぐにまた以前のような日々に戻った。母と義父と僕で動物園や遊園地に行ったり、ボウリングで勝負をしたこともあった。ときには僕の同級生も一緒に遊びに連れていってもらった。

日曜の朝食は定期的に馴染みの喫茶店に行き、夕食も週に一度は三人で食べた。行きつけの中華料理屋では、義父はいつも酢豚を頼んでいた。丸くコロコロした豚肉の上にねぎがたっぷり載っていて、具はその二つしかなくとろみもない。最初に頼んだときはこれが酢豚かどうか確認したそうだ。「この豚肉と一緒にねぎもたくさん食べるから風邪を引かないんだ」とも言っていた。あの出来事がなかったかのように、またいつもの日々に戻れてほっとした。

中学一年生の夏休みに、約一年ぶりに台湾に帰った。母から行っていいと言われたときは、まさかこんなに早く帰れるなんて思わず、待ち遠しくて仕方がなかった。母に、「台湾のお父さんもスンギュンの写真を見たいだろうから、こっちで撮った写真を持って行きなさい」と言われて、日本で撮った写真を何枚かカバンに入れた。

台湾に向かう飛行機の中では、嬉しさで終始顔がにやけているのが自分でもわかった。空港に着き、ゲートを出て、入国手続きなどをしている間も、早く父に会いたくてもどかしかった。はやる気持ちを抑え、すべての手続きを済ませると、自然と歩く速度が上がる。もうあの扉の向こうには父がいる。早く会いたい。最後の扉を抜けると父が見えた。父もすぐに僕を見つけてくれて、照れ臭そうに手を振っている。日本で成長した姿を見せたくて、覚えた日本語をいくつも披露し、父も微笑みながら聞いてくれた。約一年ぶりの再会。父が元気そうで安心した。


空港からバスに乗り、家に向かう。前に住んでいた場所に帰るのかと思ったら、連れられて行ったのはおじいちゃんの家だった。僕が日本に行ったあとは、一人で住むには広すぎるのと、おじいちゃんの体調も心配だからと、一旦戻ったそうだ。

約三年ぶりに会ったおじいちゃんは、以前のような厳格な感じはなく、驚くほど弱々しくなっていた。食欲はほとんどなく、自炊もやめていた。外でたくさんの饅頭などを買って、それを冷凍庫に入れ、すこしずつ食べているそうだ。日課にしていた朝の散歩もしなくなり、一日中家で過ごしている。

そして、明らかにボケ始めていた。僕を見ても、目の焦点が合っていない。決定的にそう思ったのは、リビングで一緒に昼ご飯を食べ、そのままテレビを見ていると、おじいちゃんが急にアダルトビデオを見始めたのだ。まるでそばに僕がいないかのように。厳格なおじいちゃんの記憶しかなかった僕は、そんな姿を見るのが辛くなり、そっと部屋に戻った。

台湾で生活していた頃は、父に勉強を教わることなんて一度もなかったのに、このときの帰省で初めて教えてもらった。約一年ぶりに帰って来た僕は、外で友達と遊びたかった。しかし、なぜか急に父がやる気を出して、数学を教え始めた。

温和なはずの父が、とても厳しかった。僕も学校であまり勉強していなかったが、父が教えてくれるのは、まだ学校でも習っていないところだった。だから、なかなか理解することができなかったし、なにより遊びに行きたい一心で集中もできなかった。

そんな僕に、父は何度も同じ問題をやらせた。この夏休みの間に、こういう日が何回もあったら嫌だなと思っていたが、教えてくれたのはこの一日だけで、内心とても安心した。

そのあとは毎日外に出て、友達と会って遊んだ。父が休みの日は一緒に映画を観に行った。父の職場の仲間たちと一緒に、台湾式カラオケに連れていってもらったこともあった。仲間たちと一緒に過ごす父を見るのは初めてだったし、カラオケを歌う姿を見るのも初めてだった。お父さんってこんな歌声なんだ、酔うとこうなるんだ、とたくさんの発見があって新鮮だった。なにより、父に仲間がいて、たまにこうして遊んでいることを知ってとても安心した。

そして、台湾で迎えた誕生日。父がケーキを買ってくれた。ケーキももちろんだけど、誕生日を覚えてくれていたのが嬉しかった。

台湾で一か月ほど過ごして日本に戻る日。一緒に過ごした五年の間に、見ることができなかった父の姿をたくさん見られた。とてもいい思い出になった。その分、このままもっと一緒に過ごしたいと思ってしまう。

空港までバスで向かう道中では、どうしても言葉数が少なくなってしまう。父は「お母さんの言うことをよく聞いて、勉強も頑張るんだよ」としか言わない。そして空港のゲートで、去っていく父の背中を見て、またため息と涙が流れる。

母への複雑な思い。日本の義父も僕にはとても良くしてくれている。でも本当の父ではない。なにかいい解決策はないのだろうか。


父に数学を教えてもらったおかげで、次の学期では点数がかなり上がった。お父さんやるじゃん、と、誇らしく思えた。台湾にいた小学生の頃から勉強を教わっていたら、なにか変わっていたのかな、とすこしだけ思った。


年齢的に思春期と反抗期に差し掛かったからか、母と台湾の父のことや、何度も母に置いていかれた思いもあったからなのか、はたまたそれら全部のせいなのかわからないが、なにかと母に反抗をするようになる。

でも、母は僕のことをとてもよくわかっていた。外食で母と義父がステーキを頼んでいるのを見て、僕もそれが食べたいと言っても、母からは、「あんたはこれは好きじゃないからハンバーグにしなさい」と言われる。無理矢理ステーキを選んでも、結果は母の言う通り残すことになった。

また、義父が美味しそうに食べていたパンを見て、僕もそれが食べたいと母に言うが、「あんたはあれは好きじゃないからやめなさい」と言われた。僕は、また反抗したくて、そのパンを買ってきてもらったが、そのときも母の言う通りで、全然好きな味じゃなく、残してしまって母に怒られた。

なんでも母の言う通りになる。それがまた嫌で、毎日のように反抗していた。それが日常だった。母のことを「お母さん」と素直に呼べずに、いつも「おい」とか「なあ」などと呼んでいた。

母も自分で悪いと思っているところがあるからか、他のことでは厳しく接してくるのに、「お母さん」と呼べずにいることについては怒ることはなかった。

義父のことを「お義父さん」と呼ぶのも、気持ちの整理がついてなかったが、「おい」とか「なあ」などと呼ぶわけにもいかない。母からも「お義父さんのことはちゃんとお義父さんと呼びなさい」と言われていたため、小声だったり、ごまかしたりしながら、お義父さんと呼んでいた。

台湾の父は、誕生日にケーキを買って一緒に食べてくれたが、母には誕生日を祝ってもらったことがない。母が祝ってくれないからか、義父もとくにお祝いをしてくれることはなかった。誕生日を迎えたら、母と義父からそれぞれお小遣いをもらう。それが僕の誕生日。

お金も嬉しいけど、せめて誕生日ケーキくらい買ってくれたらいいのになと思った。母の誕生日も、義父の誕生日も、クリスマスも、なにもイベントをしない家だった。

ただ、父の日だけは、母が買ってきた靴下などのプレゼントを、義父に渡すようにと言われた。母なりに義父と僕との関係を、うまく取り持ってくれようとしているのがわかる。義父も僕が買ってきた物ではないとわかっているはずだが、いつも嬉しそうに受け取ってくれた。

韓国から日本に出稼ぎにきた母と義父が、どうして結婚することになったのか気になって、それぞれと二人きりになったときに、馴《な》れ初《そ》めを聞いたことがあった。でも、二人とも相手が自分に惚れてアタックしてきたと言っていた。大人って素直じゃないな、と微笑ましく思えた。

コンビニで、昔おばさんの家で隠れて飲んだヤクルトに似たパッケージのジュースを見つけた。気になって買って飲んでみると、まったく同じ味だった。それが、ピルクルとの出会いだった。韓国にいた頃に、思いっきりたくさん飲んでみたいと思っていた味に出会ったときの衝撃。そして500ミリリットルという量の多さ。後でヤクルトとは別の製品だと知ったが、隠れて数滴しか飲めなかった物を、誰の目も気にすることなく好きなだけ飲めるなんて、なんて幸せなんだと思った。

一度だけ義父の会社の慰安旅行に参加したことがある。母に「つまらなく感じても、周りは大人の人ばかりだからだだをこねたり、良くない態度を取らないようにするんだよ。食べ物を美味しくないと感じても、美味しくないと言わないで、苦手ですと言うんだよ」と教えられた。慰安旅行は昼にいちご狩り、夜は宴会場で食事。お酒を飲んで、酔ってカラオケを歌う大人たち。初めての世界だった。慰安旅行から帰って来たあとに、母が義父に僕の態度はどうだったと聞いたら、義父は「礼儀正しくしていた」と言っていて、母はとても満足そうだった。

別の県で暮らしていた義父の実の息子が、ある日家に来た。僕より四〜五歳ほど年上。しばらく義父の会社で働くことになったらしい。

義父は、義理の息子である僕にもとても良くしてくれているが、実の息子に対するなにげない言葉遣い、ボディータッチ。そして普段よりもよく笑い、饒舌になる。やっぱり根本的に違うんだと感じて、なんだか負けた気持ちになった。

中学二年生になると、学校がある日は家に帰れば夕食代が、休みの日は昼飯と夕食代がテーブルに置いてあって、休日も一人で食事をするのが当たり前になった。ある日の昼、母も義父もいないときに、義父の実の息子に、「スンギュンと一緒にご飯を食べるお金をお父さんからもらったから、ご飯を食べに行こう」と言われ、近くの定食屋に行った。

メニューの値段を見た彼から、義父からは千円しかもらっていないと言われた。そこで、僕の分は自分で払いますから、と伝えてご飯を食べた。その日の夜、義父が家に帰ってきたときに、「コンビニで済ませようと思ったけど、定食屋に連れて行かれて、スンギュンは自分の分は自分で払った」「あいつはもうお金がある生活に慣れてしまったから、コンビニで済ませるという考えがない」という義父と実の息子のやりとりを聞いてしまった。

自分が好きでこういう生活をしたかったわけじゃなく、この家がなんでもお金で解決するだけじゃないか、と言い返したかった。そして、良くしてくれていると思っていた義父が、陰で僕に嫌味を言ったことに深く傷ついて、所詮は赤の他人か、と思った。

野球に興味を持った時期があって、木製のバットを買った。お小遣いとは別に、毎日のように一人で夕食を食べるお金を母からもらっていたから、お小遣いと食事代との区別はなかった。それをよく思っていなかった義父が「スンギュンはご飯用に渡したお金でバットを買った」と、陰で母に言っているのを聞いてしまった。「お金を渡しすぎなんだ」と、母と揉めていた。

すこしでもたくさん食べて欲しい母と、そのお金を食事以外で使っていると思っていた義父。そして、実の息子じゃないからか、義父は直接僕に言うことはなく、いつも母に言っていた。そんな僕を母はいつもかばってくれていた。


義父の会社では、小さいアパートの何部屋かを、まとめて借りて社員寮にしていた。母の伝《つ》手《て》で韓国から何人も出稼ぎに来ていて、みんなその寮に住んでいた。僕も何回かそこで一緒にご飯を食べたことがある。

出稼ぎに来ている人たちは、みな韓国に家族を残して来ていた。だから母は、給料を無駄遣いする人に対して、「早くお金を貯めて、家族の元に帰るんじゃないのか⁉」と怒鳴った。一方で、最低限の物しか買わず、食事もキムチと白飯だけをメインにして食べて、一年間で百万円以上貯めて帰国した人には、「よくがんばった。早く家族の元に帰りなさい」と労《ねぎら》った。

時々、母が義父の車を運転することがあった。ある日、母が義父の車を軽くこすってしまった。同じ色のペンキを塗ってごまかそうとしたが、義父に気付かれて怒られた。そんなときでも母は義父に立ち向かって行く。
あまりにも母が謝らないため、そもそも韓国語には謝る言葉がないのではないかと思った。母にそう言うと、爆笑しながら「そんな訳ないでしょ」と言っていた。あとで自分で調べたら謝罪の言葉はちゃんとあった。ついでに感謝の言葉もきちんとあって安心した。そう思ってしまうほど母を含め、韓国の親戚たちの言葉遣いはきつく激しく感じた。

母は、周囲の目は気にせずに、自分がいいと思ったことをする人でもあった。馴染みの喫茶店で、モーニングのトーストに付いてくるジャムの量が少なく、僕にたくさん食べて欲しかった母は、家からジャムを瓶ごと持って来る。行きつけの焼肉屋でチゲスープを頼むときは、食べている途中で、冷めたからと言って、石鍋に入ったそのスープを勝手に網の上に載せて温めていた。

中学三年生の頃に、３ＬＤＫのマンションに引っ越しをして、初めて自分の部屋をもらった。義父と僕は、それぞれ自分の部屋で寝ていたが、母はなぜか空いている和室では寝ずに、いつもリビングに布団を敷いて寝ていた。
この頃になると、考え事や心の中で思ったこと、咄嗟に出てくる言葉が、徐々に台湾の言葉から、日本語に変わっていった。学校でも最初の頃は、台湾の子と台湾語で話すことが多かったが、いつの間にか日本語で話すようになっていった。そして、韓国語はほとんど忘れてしまった。自分のルーツのはずの国の言葉は忘れていき、別の国の言葉が自分のメインになっていく。日本という国は好きだけど、ふとした瞬間に、これでいいのかとも考えてしまう。

母は毎日のように飲みに出かけ、酔っ払って帰って来ては僕に、「スンギュン、一緒にラーメン食べに行こうか？　お腹空いているでしょ、一緒にご飯食べに行こうよ」と絡んでくる。酔っ払っているときだけ優しい言葉をかけてくる。しかも、ほとんど毎日僕に一人で晩ご飯を食べさせておいて、自分の気分がいいときだけ一緒に食べようと言ってくる。そんな勝手な母が嫌で、僕はいつも無視していた。母はそれでもしつこく絡んでくるが、無視しつづけるといじけたようにリビングに戻っていく。

夏休み前に初めて彼女ができた。浮足立った僕は、このことを知って欲しくて、義父にも言ってしまった。すると、「デートのときは男が払うもんだぞ」と言ってお小遣いを五千円くれた。デートの心得について教わって感謝の気持ちもあったが、やっぱりこの人は女慣れしているとも思った。

中学三年生の夏休みにも台湾の父に会いに行った。日本に戻って来ると、いつものように母が空港まで迎えに来てくれた。家まで戻る車の中で、台湾に帰っていた一か月くらいの間に、義父の会社の経営が悪くなったと聞かされた。資金繰りのため、義父が乗っていた高級車がライトバンに変わっていた。

母には神経質な一面もあった。母が寝ているリビングのそばにキッチンがあるため、夜喉が渇いて水を飲みたくなると、その度に細心の注意を払って、ゆっくり冷蔵庫を開けていた。それでも、母はすぐに目が覚めてしまい、早く寝なさいと怒られる。

掃除機も、毎日隅から隅までかけないと気が済まない人だった。綺麗好きでもあったと思うが、それよりも、すこしでもホコリがあることが気になっていたように思う。

母が作る料理の中では、卵焼きが一番好きだった。ネギが入った少ししょっぱい卵焼き。作るのをめんどくさがったのと、一人で食事をするのが当たり前になっていた僕は、その卵焼きを年に一度か二度しか食べられない。学校の遠足や、行事でお弁当が必要なときだけのお楽しみ。母が作る卵焼きがとにかく大好きだった。だから、そういう日にお弁当を開けるのは本当に楽しみだった。

母の車の運転は荒かった。スピードは出すし、右折するのに左を見ながら曲がることもあった。隣に乗っていて危ない場面に出くわすことも多く、何度も助手席で「うわー!」「危ない!」と叫んだことがある。その度に「男のくせにびびりだね」とからかわれるが、こんな運転の車に乗っている身にもなれよ! と心の中だけで思った。口に出せば問違いなく言い合いになるからだ。

でも、一度だけ、「そんな運転の仕方でよく免許が取れたな」と母に言ったら、「私たちの時代は、教習所の先生にちらっとパンツを見せるだけで○がもらえたんだよ」と豪快に笑いながら言われた。

義父に「まだ小さいのに韓国、台湾、日本と三つの国で生活をして、一体頭の中はどうなっているのか、一度頭の中に入って見てみたいわ」と言われたことがある。そうせざるを得ない状況だっただけで、自分の意志ではなかったから、どう返事をしたらいいのかわからなかった。

中学の卒業式。高校も同じ校舎で、試験もなくエスカレーター式に上がるだけのため、簡易的なものだった。この三年間を振り返ると、学校生活はとても新鮮だった。遠足と運動会は台湾にもあったが、合唱コンクール、写生大会、百人一首大会、文化祭、林間学校に修学旅行、それに部活の大会。

どれも初めてのことばかりで、中でも合唱コンクールにとくに驚いた。みんなで放課後に集まって歌の練習をして、それを他の生徒たちの前で披露するってなに？　とにかく戸惑ったのを覚えている。ただ、中学二年のときに、三年生が歌う「翼をください」を聞いて、鳥肌が立つほど感動したことを覚えている。

部活も、弱いながらも最後の大会で一勝することができた。仲間と摑んだこの勝利は、かけがえのないものだった。

韓国と台湾のパスポートを持っていたが、どちらかを選択しなくてはいけない年齢になった。恐らく母は、僕が韓国に行くことはほとんどないだろうと考え、台湾のパスポートを選んだ。

僕もその選択に異論はなかった。

高校生になるとアルバイト代わりに、義父の会社の現場を何度か手伝った。義父の会社は、家を建てるときの地盤を固める仕事をしていた。僕はきつい作業や機械を扱うことよりも、細かい作業をやらせてもらった。

与えられた仕事を黙々とやっていると、義父から「スンギュンは根気があるな」と言ってもらえた。義父と朝早く、二人だけでトラックに乗って現場に行ったこともあった。二人でトラックに乗って現場まで往復する間は、なんだか男だけの旅のような感じがして、このままもっと遠くまで行きたくなった。

仕事に慣れてくると、義父がいない現場にも手伝いに行くようになった。一回りも二回りも年上の職人さんたちと働くのは、最初は緊張した。でも、食事休憩中に「学校には可愛い子がたくさんいるのか?」とか、「早く結婚した方がいいぞ」など、泥だらけの顔で話しかけてくれたおかげで、帰る頃にはすっかり距離が縮まった。

現場で弁当を開けるのも楽しみだった。母が作ってくれた卵焼きが入っているからだ。ただ、その弁当は豪華というか、おかずが多く、職人さんたちの弁当との差が激しくて気まずかった。母にもうすこしだけおかずを減らしてくれと頼んだ。ところが、「あんたは社長の息子なんだから、弁当が豪華なのは当たり前。もっと堂々としなさい」と怒られた。

母も義父も、成績についてはなにも言わなかった。それもあって勉強はほとんどせず、学校には友達に会うのと、部活をしに行っていたような日々だった。しかし、高校生になると赤点を取る教科が増えて、進級できない恐れが出てきたため、見かねた母が、とくに苦手としていた英語に家庭教師をつけてくれた。

最初の頃は大人しく勉強していたが、段々と先生と仲良くなっていき、恋愛相談などの世間話をすることが増えた。ある日、少しふざけていたところを母に見られて、先生が帰ったあとに、「次そんな風に先生にふざけたら、先生がいたとしてもお前をぶっ飛ばすよ」と激怒された。

それからは勉強だけに集中するようになり、赤点を取る教科はあるものの、なんとか留年はせずに済んだ。


夕食は基本的に一人で食べていたが、朝は母が用意してくれた菓子パンや、フルーツを食べてから登校していた。ある日、ベランダに菓子パンが一つ置いてあるのを見つけ、それが翌朝、朝食として出てきた。母になんでパンをベランダに置くの？　と聞いたら、「冷蔵庫に入れたら冷たすぎるし、家の中だと暖かすぎるから、ちょうどいいと思ってベランダに置いてるのよ」という、納得できるような、できないような返事が返ってきた。母は本当に不思議な人だ、とますます思うようになった。

母は僕に大きくなって欲しいようで、よく牛乳を飲まされた。馴染みの喫茶店に行けば勝手に牛乳を頼まれ、寝る前も必ず飲まされた。当時、牛乳は全然好きじゃなかったが、母に怒られるから毎日嫌々飲んでいた。

料理は時々しかしなくなっていたが、僕に食べさせたい一心で、いつも大量に出す。チャーハンもパスタも、たっぷり作って、フライパンのまま食卓に出す。肉じゃがのじゃがいもは、一個を半分に切っただけのものが何個も入っていた。

母が言うには、僕はカレーライス以外のときは、ご飯をおかわりしないらしい。だから母は、いつも茶碗にご飯を山盛りにして持ってくる。それにしても、茶碗がやたらと重く、ご飯に箸を突っ込んでも硬くて刺さらない。不思議に思ったが、母がご飯を盛るところをこっそり見ると、茶碗にぎゅうぎゅうに詰めていた。そんなに詰めているからおかわりできないんだよ、と心の中で思わず笑ってしまった。

母は、暑い日は平気で裸で家の中をうろうろする。家の中だと義父の前でも平気でおならする。「せめてお義父さんの前ではやめろよ」と注意するも、「良くない物を体の中で我慢する方が体に悪い」と言ってまったく聞かない。

もちろんキムチもよく食べる。義父に「韓国ではどんな美人でもみんな毎日キムチを食べるよ」と言っていたが、もっと女性的な部分を義父に見せたほうがいいんじゃないのか？　といつも心配しながら見ていた。

もう現場に出ることもなくなり、時間を持て余していた母は、毎日のようにパチンコに出かけていた。魚群がきて確変に入ったとか、何連チャンしたとか、黄門ちゃまがどうとか、もうすこしで巻き返せたのに結局負けちゃったとか、タバコをふかしながらいつも楽しそうに話していた。そんな母の姿を見て、「パチンコってそんなに楽しいの？」と聞いたら、「あんたは大きくなってもパチンコは行っちゃだめよ」と注意された。「自分はしょっちゅう行っているじゃん」と言い返すと、「私は勝っているからいいのよ」と返された。

母は一時期知り合いの中華屋でお手伝いをしていた。しかし、母が外で働くことを義父はあまりよく思っておらず、何度も辞めろと言っていた。それでも辞めることはなかったが、お店の人が常連客に対して、明らかに他のお客さんよりも、ご飯をサービスして盛ったりするところが、母はどうしても納得できなかった。それについて何回も義父に愚痴を言ったり、お店の人にも直接言っていたみたいだ。結局そのことが原因で、母はお手伝いを辞めた。

ある日、自転車で家に帰る途中に、後ろから車に軽くぶつけられた。幸いケガはなかったし、運転手のおじさんも必死に謝ってくれた。さらに後日、手土産を持って家に謝りに来てくれた。ケガもなかったし、手土産をもらって終わりかと思っていたら、義父がそのおじさんに「なんかあったときにお前が責任を取ってくれるのか⁉」と激怒して、手土産についても、「そんなもん持ってとっとと帰れ」と言っていた。

台湾で膝を竹の棒で刺されたときは、台湾の父もおじいちゃんも相手になにも言わなかった。なのに義父は、自転車に車を軽くぶつけられただけで、ケガもなかったのに怒ってくれた。本気で心配してくれている、そう感じた。そして、「スンギュンに何かあったときは俺が守ってやる。俺はスンギュンのお義父さんだからな」と言われた。

中学のときに、義父が実の息子に陰口を叩いていたのがずっと忘れられず、どこかでやっぱり他人だとあきらめていた部分があった。でも、今回の件でそんな風に言ってくれて、この人のことをちゃんとお義父さんだと思えた。

そして、「これから先も、俺のことは親父とは呼ばないでくれ、老けた感じがするからな」と笑いながら言っていた。親父とお義父さんの違いがわからなかったが、義父との距離は着実に縮められているように感じた。

義父とは、何度も二人だけでご飯を食べに行ったことがある。僕がよく食べるのを見て、義父に「スンギュンが食べるのを見ているだけで、こっちもお腹いっぱいになるわ」と微笑みながら言われたことがある。

義父には、なにか要求されることはほとんどなかったが、一つだけ注意されたことがある。コーンスープを飲んでいて、僕は飲み終えたつもりだったが、義父から、「スンギュン、これはお金を払って買ったものなんだから、きちんと綺麗に飲み干しなさい」と言われた。母からそんな注意をされたら反抗したくなるようなことでも、義父から言われると素直に受け入れられた。

僕にとって義父は男前で、優しくて、男同士のつき合いで言えばとても良くしてもらっていた。

当時、バスケの練習や試合で何度もケガをしていた。あるときにひどい捻挫をしてしまい、母に病院に連れていってもらったことがあった。診察後に、医師に診断書は必要かと聞かれ、断る理由がなく書いてもらったら、診察室の外で待っていた母に「あんな紙切れをもらったからお金を払わなきゃいけなくなった」と激怒された。医師に聞かれたからもらっただけで、お金がかかるなんて知らなかったし、そんなに怒らないでよと思った。

僕の食事代など、必要なことにはお金を出し惜しみしないが、そうではないものにお金を払うことに対しては、母は心底嫌がっていた。母と出掛けたときに、募金活動している団体がいて、持っていた五百円を募金したら、「そんなお金があるなら、自分がすこしでも美味しいものを食べなさい」と言われたこともあった。

母は風呂に入ると、よくアカスリをする。背中は自分ではできないため、いつも手伝わされた。めんどくさいし、母の裸を見るのも恥ずかしかったが、やらないと怒られる。だから嫌々という態度を前面に出しながらも、アカスリをした。強い力でこすると母が痛そうにしていたから、優しくこすってあげた。

母の背中を直視することはなかなかできなかったが、とても綺麗だった記憶がある。気持ちよさそうにしている母を見ると、やりがいが出てきて、結果隅々までやることになった。今思えば、それが唯一の親孝行だったかも知れない。

年越しも家族でテレビを見たり、食事をしたりすることはなかった。中学、高校と、いつも友達とカラオケで年が明けるまで騒いで、それから近くの神社に行ってお参りをして、電車が動くまでファミレスでだべっていた。

お正月は、母と義父と僕の三人だけで過ごしていたが、高校一年生のときだけ、賑やかな時間を過ごしたことがある。母と義父と僕。それと、また義父の会社に働きに来ていた、義父の実の息子と、その彼女の五人。

家のリビングに五人もいる。みんなでコタツを囲んで、お正月の料理もちゃんとした物を食べた。義父もすこし酔っていたのか、「エビは背中が曲がるまで」「数の子は数の子の数だけ子供ができますように」などと、珍しくうんちくを語っていた。

日本に来た当初は、母と義父と僕の三人で食卓を囲んで、初めて家族というものを実感した。でも、それからは徐々に、一人でご飯を食べるのが当たり前になって、家族らしさは薄れていた。このお正月は家族らしさを取り戻せた一日だった。こういう日がいつまでも続けばいいのにと、みんなの楽しそうな顔を見ながら思った。

食事を終えて、自分の部屋でテレビを見ていると、実の息子の彼女がそっと入ってきて、「お義父さんはやっぱり男前だね」と僕に言った。「本人が調子に乗るから直接は言わないけどね」とも言っていた。そして、みんなには内緒で僕にお年玉もくれた。お年玉をもらった嬉しさもあったが、義父はやっぱり女性から見たら男前なんだと確信し、あまり色々な女性と遊ばないといいな、と思った。

不安は的中したというか、この日を最後に、家庭内でまた色々な問題が起き始める。まず、実の息子の彼女が、この土地では友達ができず、彼氏も毎日朝早くから仕事で家にいなくて寂しい、と言って突然地元に帰ってしまった。この件を境に家の空気は重くなり、僕が高校二年生になった頃から、母と義父はまたケンカの日々に戻った。

義父の会社が初期の頃に稼いだお金を、母と義父は二人で分けて持っていた。会社の経営が苦しくなったときや、義父が有限会社から株式会社にしたいと言い出したときに、母にそのお金を出すよう要求したが、母は頑なに拒み続けた。

義父はそんな母に対して何度も説得していた。切羽詰まった様子で、険悪な雰囲気だった。そういうときに家にいるのは、かなり怖かった。

母が僕と二人でいるときに、「お金を韓国にいる人に預けたら、騙されて持って逃げられた。そのことはなにがあってもお義父さんに知られてはいけない」「韓国の親戚が商売をやりたいと言うからお金を貸したのに、全部うまくいっていないから、多分お金は返ってこない」と話してくれたことがある。どうりで義父の要求を拒み続けているわけだ。それからもそのお金のことで、二人は何度も揉めることになる。

二人のケンカが始まると、母は僕がその場にいても気にしないが、義父は気になるらしい。だからいつも、僕にお金を渡し、しばらく外で時間を潰して来いと言われる。何度ケンカの場面に遭遇しただろうか。もううんざりしていた。

二人がケンカするときは、母は義父の背中や肩を叩いたりするが、義父が母に手を上げたところを僕は一度も見たことがない。でも、母は何度も義父を叩いていた。だから、弾みで義父が母を殴ったらどうしようと、いつも不安だった。実際、義父に「なんでや」としつこく言ったときに、僕は頬を叩かれている。

だから、心の中で母にもう叩くのはやめてよ、と思い、義父には、お願いだから母のことをぶたないで、と願っていた。

ある日、学校から帰ると二人はまたケンカをしていた。母が義父に「あの女がケツを貸すのがそんなにいいのか！」と怒鳴っていた。ケンカを見るのさえ嫌なのに、男と女の話、しかも生々しい単語。この先のやりとりを聞きたくなくて、カバンだけを置いて、すぐに家から出た。義父がまた浮気をしている。中学一年生のときに、義父が土下座をして以来、そこまで大事には発展していなくても、義父が何人かの女性と遊んでいることは薄々感じていた。ただ、今回の浮気は遊びの範疇を越えているようで、母もかなり怒っていた。

その頃、いつも苛立っていた母に、義父が浮気をするのは、僕が日本に来たせいだと言われたことがある。言い争いをしているときに、義父に「お前の望み通りにスンギュンを日本に呼んで、高い授業料も含めて全部払ってやっている。それで満足だろ？　だから俺にも自由にさせろ」と言われたそうだ。俺は義父に望まれて日本に来たわけではなかったのか。すこしショックだった。だからって、俺を浮気の理由にするんじゃねえよ、と思うのと同時に、元々好きで日本に来たわけでもないのに、俺のせいだと言われても知らねえよ、と思った。

お金のことと浮気のことで、二人はしょっちゅうケンカしていた。そんな状況でも、毎日まじめに学校に通っている僕に、あるとき義父が「スンギュンはよくグレないな」と感心したように言っていた。それに対して母は「私たち二人を反面教師にしているからよ」と答えていた。

反面教師。初めて聞いた言葉だった。調べてみると、「悪い見本。それを見て、そうならないようにすること」という意味だとわかった。なるほど。確かにそうかも。ただでさえ夫婦喧嘩や問題の多い家なのに、俺までグレたらどうなるんだよ。せめて二人に余計な心配はかけたくなかったのかもしれない。

もしくは、学校にちゃんと居場所があり、仲間がいるからだったのか。台湾のときとは違って、毎日学校に行くのが楽しみだし、タバコも、万引きもしていない。

二人の関係は明らかにうまくいっていないとわかるのに、母は三人でご飯を食べるときなどに「あー幸せ、幸せ」と、言い聞かせるように言っていた。でも、義父はもう母には興味がないように見えた。恐らく母もどこかでそれを感じているはずだった。だからこそそんなことを言っていたのではないか。

母は本当に義父のことを愛していたと思う。気が強く、言いたいことを言う母だったが、外ではきちんと義父のことを立てていた。夏場の現場仕事は体力的にしんどく、毎日現場に出ていた義父のことを心配していた。日本にはいい麦わら帽子がないからと、たまに韓国に帰るときに、大量に麦わら帽子を買って来て義父に渡していた。

会社のことも考えていて、出稼ぎに来ていた従業員の面倒をよく見ていた。人手が足りなければ現場にも出ていた。母のそういう面をこの五年間見てきた。その上で、義父はもう、母を愛した頃には戻れないんだろうなと感じていた。

社員寮で生活していた外国籍の従業員が、ある朝突然亡くなったことがあった。詳しいことは教えてもらえなかったが、他殺でも、自殺をしたわけでもなく、突然亡くなっていたようだ。義父に脱税の疑いがかけられていた時期と重なっていて、家庭内に緊張が走った。

義父が捕まるようなことがあったらどうしようと不安だった。亡くなった従業員は本当に突然死だったようで、とくに問題になることはなかった。ただ、それ以降義父からは、なにかを買ったら必ず領収書かレシートをもらって来るようにと言われた。

母と義父の関係がどんどん悪化していく中、僕も義父と険悪な雰囲気になる時期があった。三人で馴染みの中華屋で食事をしていたときに、義父が僕に「他になにか食べたい物あるか?」と聞いてきた。それに対して、タイミング悪く、水を口の中に含んでいて答えられず、壁に貼ってあるメニューをあごで指して答えてしまったのだ。

義父に「俺のことが嫌いになったのか」と怒られた。水が口の中に入っていたからだと、すぐに謝ればよかったが、この頃は義父の女遊びに不満を抱いていたこともあって、僕はその問いにむすっとした態度で返してしまった。母は僕に怒るでもなく、かばうこともなく、それについてなにかを言うことはなかった。

高校一年生の夏休みに台湾に帰ったときに、おじいちゃんが亡くなったと聞かされた。その頃になると、友人たちもそれぞれの生活リズムができていて、相手をしてくれなくなっていた。だから僕は、毎日家で寝て過ごしていた。父も映画館などに遊びに連れていってくれることはなくなり、父が休みの日は、二人で時間を持て余していた。
約三週間台湾にいたのに、外で日を浴びていないため、肌が白くなって日本に戻った。義父にも「夏休みなのにこんなに肌が白くなって帰ってくるのも珍しいな」と言われた。日本での生活が中心になり、あれほど待ち遠しかった台湾への帰省は、もう楽しみではなくなっていた。それよりも、日本で友達とたくさんの思い出を作りたかった。

高校二年生の夏休みに台湾に帰ったとき、来年の夏は帰らないと父に伝えた。それまで台湾に帰っていた時期にあったバスケ部の大会も、出場していなかった。でも、来年は高校三年生で最後だから、みんなと一緒に出場したい。そう伝えると父はとても残念がっていた。その表情を見て会いに来たい気持ちもわいたが、仕方がなかった。

中学一年生から、高校二年生までの台湾に帰っていた五年の間に、僕が知っているだけでも、父は二度自分で飲食店を開いたが、すぐに雇われ店長に戻ることを繰り返していた。父の店が繁昌するのは難しいと感じていた。台湾では、個人や家族で飲食店をやっている人がたくさんいて、夜市という屋台の文化もあって、とにかく食べ物の店が多い。その中で、父の店は他の飲食店や、屋台と変わり映えしないメニューしかなく、栄えている場所から一本、二本中に入った通りに店を構えているせいで、食事時でもお客さんが少なかった。

父が、店で働いていたおばさんや、同僚たちに再婚をすすめられているのを目にしたことがある。父は「めんどくさいからいいよ」と毎回気乗りしない様子で断っていたが、僕も誰かいい人を見つけて再婚すればいいのにな、と思っていた。父と二人きりになったときに、再婚したらいいじゃん、と言ったこともあったが、父はその時も「めんどくさいからいいよ」と照れたように笑いながら軽く受け流した。

父の店に、古い知り合いが、お金を貸して欲しいと訪ねてきたことがあった。父とその人との関係性はわからないが、人の良い父が騙されないといいなと思った。

夏休みに台湾に帰る度に父は、「お母さんの言うことをよく聞いて、たくさん勉強して、努力して、大きくなったらお金をいっぱい稼ぎなさい」と僕に言った。

一人で晩ご飯を食べることが日常になっていた高校三年生の頃。部活帰りにどこで夕食を食べようかと悩み、オムライスでも食べるかと思いつき、夜はめったに行くことはない、家族で馴染みの喫茶店に行くことにした。

オムライスを注文し、黙々と食べていると、テーブルの前に義父が急に現れて「スンギュン、会計は済ませといたぞ」と言って店から出ていった。驚いてろくに返事もできなかった。そして、義父のあとを知らない女性がついていった。

もしかして、あの女性がいまの義父の愛人？　どんな人なのか見てみたい。そう思ったが、突然現れた義父にあっけにとられている間に、その女性は出て行ってしまい、後ろ姿しか見ることができなかった。

二人はここで会っていたのか。母とも僕ともよく来ているこの喫茶店で。堂々としているのか、はたまた母に遭遇しても構わないと思うようになったのか。そんな義父に強く嫌悪感を抱いた。馴染みの喫茶店のマスターには、うちの家族はどんな風に映っていたのだろう。

進学には興味がなかった僕は、高校を卒業したら、義父の会社で働くつもりだった。しかし、母が大学に行って欲しいと言ってきたのと、義父も費用は出すと言ってくれたこともあって、大学に行くことにした。

中学、高校とまともに勉強をしていなかったのに、いまから受験勉強してもまず無理。そこで、担任の先生に、推薦で入れる大学をいくつか教えてもらい、その中で一番バスケ部が強い大学の、ＡＯ入試という推薦に近い形の試験を受けることになった。

夏休みの間に、その大学に三日間通い、同じＡＯ入試で来ている子たちと、色々な話題で討論を行い、その様子を試験官が見て、合否を決めるという試験だった。この大学には中国語学科があったため、僕が台湾語を話せる点も有利に働き、合格をもらった。

その夏休み中に、僕たちのバスケ部は小さな地区大会で二位になった。それまではずっと一回戦負けか、良くても三回戦負けだった僕たちにとって、快挙と言っていい結果だった。喜びのあまり母に伝えると、「二位でなんでそんなに嬉しそうなの？　一位になったときに私に言ってきなさい」と言われた。せっかく褒めてもらえると思ったのに……。

バスケ部以外にも、社会人バスケチームとの繋がりもできた。そのチームの試合に、僕を含めてバスケ部から何人か参加することになった。試合で使われる体育館は、家からすぐの場所。それまでは、母に一度も試合を観に来てもらう機会がなかった。でも、「今回はすぐそばの体育館でやっているから観に来てよ」と頼んだ。「観に行けたら行く」と気のない返事だったが、試合中にスタンドを見たら、母が来てくれていた。試合後に母に感想を聞いたが、つまらなさそうにしていただけだった。

その頃には、義父が母に対して、あからさまに邪険な態度を取ることも多くなっていた。あるときから、義父が大きなタンスやテーブル、イスを買ってくるようになった。その家に三年ほど住んでいて、まったく必要がなかったのになんでなんだろう、と思っていた。すると、義父が母に、「お前と別れて新しい人とここに住むときのためだ」と言ったらしい。それに激怒した母はまた義父と大ゲンカ。義父はなんでそんなにひどいことを言うのだろうと思った。

ある日曜日には、その頃の義父にしてはかなり珍しく、家で母が作った料理を食べていた。母に食事することを伝えてあったからなのか、手の込んだ料理を食べさせようとした母が、初めてハンバーグを作った。しかし義父は味が薄いと言い、母は「あなたは外で味が濃い物ばかり食べているから薄く感じるのよ」と返した。すると義父は僕に「スンギュン、味が薄いよな？」と聞いてきた。二人のケンカに巻き込まないでよ、と思いながら、どちらの機嫌も害さないように、曖昧に返事をした。

またあるときは、義父が母に相談することなく、自分と母に多額の生命保険をかけ、会社にも高額な保険をかけた。母は、会社はともかく、二人ともまだ若いのに、なんでそんな紙切れに、高いお金を払う必要があるのかと抗議した。しかも、愛人に勧められて加入したと知り、かなり怒っていた。

義父は、母が立ち向かってくるのを知っていて、わざと挑発して怒らせている。そのやり方が心底嫌だった。そんな日々が続くうち、母がすこしずつ精神的におかしくなってきているのがわかった。愛人のことでケンカになると、母は何度も義父に、「あんたを殺して、あの女も殺して私も死んでやる！」と叫んでいた。

いよいよこの家族は、修復できないところまできている。母は義父への苛立ちで、僕にも当たるようになった。そんな母に対して僕も言い返すようになり、母と僕との間でも「死ね！」「お前が死ね！」などという言い争いが絶えない日々になった。

そして高校三年生の秋、義父は、愛人と部屋を借りて住み始め、もう家には帰って来なくなった。

義父がいなくなると、母は夜に一人で泣くようになった。夜に酔って帰って来ると、すぐにリビングに行き、「なんで私じゃだめなの。戻って来てよ。戻って来てよ。なんでなの。なんで。もう知らない」と泣きながら寝た。母の強いところしか見たことがなかった僕は、初めて母のすすり泣きを聞いた夜、なんとも言えない気持ちになった。

それからは来る日も来る日も、酔って帰ってきては泣いていた。そんな母の泣き声を、僕は部屋で黙って聞くことしかできなかった。それまで、母に懐くこともなく、散々言い争いをしてきた僕に、なにができるのだろう。母は今、僕を求めているのだろうか。

そして、義父は何度も浮気するのに、どうして母と離婚しないのだろうと思った。こんなに母を苦しませるなら、愛人と一緒にいたいなら、離婚すればいいのに。母も、どうしてそんな義父のことを愛し続けるのだろうとも思った。もう諦めて離婚すればいいのに。どっちでもいいから早く離婚を言い出してよ。もうこんな家嫌だよ。そう思っていた。

母は僕にも「お義父さんを殺して、私も死んでやるから」と言うようになった。「捕まって刑務所で過ごすのは惨めだから私も死ぬ。だからあんたは、これから一人で生きて行きなさい。あんたも将来自分の子供ができたら、お母さんの気持ちがわかるようになるから」とも言われた。

韓国から一人で日本に行き、日本の男と結婚し、その生活が落ち着いたからと勝手に僕を呼んで、今度は自分も死ぬから、あんたは一人で生きて行きなさいと言う。なんなんだこの人は、ちょっとでも力になりたいと考えていた自分がバカだった。死にたかったら好きに死ねばいい。

僕自身も精神的に病み始めたのか、初めて金縛りを経験し、それからは昼夜問わず寝るとよく金縛り状態になった。学校でも無性にイライラしていた。振ると芯が出てくるシャーペンをやたらと振ったり、貧乏ゆすりもよくするようになった。いつもむしゃくしゃしてなにかをぶっ壊してやりたかった。

学校の友達はもちろん、先生も含めて、誰にも家の状況は話していなかった。ましてやみんながが大学や、将来のことを考えるこの大事な時期に、そんな話をして心配させたくなかった。でも、一人では抱えきれなくなり、バスケ部の親友だけに、家の現状を話すことにした。

しかし、話したところで同じ高校生だ。親身に僕の話を聞いてくれるが、彼の家では問題は起きていない。解決策なんて出るわけもなかったが、現状を知ってくれている人が、一人でもいることが心の支えになっていた。言葉にして誰かに話すこと、そして、話を聞いて欲しいときにそばに人がいてくれること。それだけですこしは救われていた。

この頃によく考えていたのは、中学一年生のときに、学校でできた台湾人の友達のことだ。その子の母も台湾で離婚して、日本に渡って日本人と再婚した。僕と同じく彼も日本に渡って来て、日本人の義父がいる。その義父の仕事も建築関係で、社長をしていた。

最初は小さい家に住んでいたが、会社が順調に成長し、大きい家に引っ越した。状況は僕とほとんど同じなのに、向こうの家はとても幸せそうだ。もしも、僕の母が出会ったのが、その友達の義父だったら、僕もこんなにも悩むことはなかったのかな。母もあんな状態にならずに済んだのかな、といつも思っていた。

卒業が近づき、授業は選択科目が増えた。僕が選んだ教科では、ことごとく友人たちと別々になってしまい、以前にも増してつまらない時間になってしまった。

昼休みには、大学についての話題が増え、僕の学力では話についていくことができず、一人で過ごす時間が増えた。友達はまじめに勉強をする人が多く、みんなが真剣に卒業後の話をすればするほど、自分はどうなるんだろうと、考え込むことが多くなった。

この頃の僕には部活しかなかった。バスケをしているときだけは家のことも、将来のことも考えなくて済む。しかし、大会はあと一つしかない。それが終わったら引退。それから自分はどうなるんだろうか。


家にいる時間をすこしでも短くするために、部活が終わった後、親友と社会人バスケチームの練習に、週三日参加し、帰りは一緒に夕食を食べてもらった。僕から帰ろうと言い出すまで、いつも一緒にいてくれた。社会人バスケがない日は、家の近くの区民スポーツセンターで筋トレをして、家に帰ったらすぐに寝るだけの状態にした。母のことも、義父のことも考えないようにしていた。


学校が休みのある日、母に食事に連れていってもらった。その帰り道、古いアパートの前まで連れて行かれ、「今あそこであの人は愛人と住んでいる」と教えてもらった。

家からそれほど離れていない場所。古びたアパートの駐車場に止まっている父の高級車には、違和感しか抱かなかった。

母はどんな方法でここを突き止めたんだろう。そして今どんな気持ちでこのアパートを見ているんだろう。愛人と住む家まで借りて、義父はなにをしたいのだろう。

そのアパートを見て、思い出したことがあった。僕が日本に来てまだ間もなかった頃、母に二人が最初に住んでいた家の前に連れていってもらったことがあった。そこは古びた団地のような大きな建物だった。母は、一階のある部屋を指して、あそこにお義父さんと住んでいて、毎日のように二人で現場に出かけたと、懐かしそうに教えてくれた。もしかしたら、母はその頃が一番幸せだったのかもしれない。

なぜか家に帰る度に、物がなくなっていくようだった。最初は気のせいかと思ったが、目に見えて物が減っていく。母に聞いてみると、母が捨てているとのことだった。「もうあの人も戻って来ないし、私もあの人ももうすぐいなくなるから」と。それに対して返す言葉が見つからなかった。

家の中がただ広く、殺風景になっていく。母は毎日のように飲みに出かけて、帰ってきては泣いていた。母と会話をすることもほとんどなくなっていた。母の目にはもう僕は映っていないようにも感じた。

母に振り向いて欲しかった僕は、高校三年生の冬に、万引きをして捕まろうと考えた。幼い頃、母に怒られたときと同じように、今回もきっと激怒すると思う。でも、それでもいいから僕を見て欲しかった。

日本に来てから初めての万引きに、かなり緊張していた。先生や友達が知ったら軽蔑するだろうか。でも、もうどうにでもなれ。

ゲームソフトを服の中に忍ばせる。手の汗が止まらない。意を決し、店の外に出ると警報が鳴った。通報され、警察署に連れて行かれる。計画通りに母が迎えにきた。僕を見るなり睨みつけ、署を出たところで摑みかかってきた。「家がこんな状況のときになにしてんの！」「警察から電話が掛かってきたときは、お義父さんになにかあったと思って、心臓が止まりそうだったわよ！」

母の頭に最初に浮かんだのは義父だった。母に見てもらうための行為で、逆に母の一番大切な相手を再確認してしまった。


もうすっかり母の料理を食べることはなくなったが、ある日、なにか作ってあげようかと言われた。迷わずに大好きな卵焼きを作って欲しいと伝えると、「卵焼きを作るフライパンも捨てたからもう作れない」と言われた。

あのフライパンまで捨てたのか。もうあのネギが入ったしょっぱい卵焼きは食べられないのか。その日は結局、母に外食に連れていってもらった。


ある日、学校から帰ると、風呂場の方から、電気シェーバーでヒゲを剃るような音が聞こえた。義父が家に戻って来たのかと思い、恐る恐る覗いてみると、母が僕の使っているバリカンで坊主頭にしていた。驚いている僕を見ても、母はとくに気にもせず、手も止めなかった。

母は服や化粧品はほとんど買わないが、髪にはパーマをかけるなど、気をつかう方だと思っていた。なにより髪の毛は、女性の命だとも思っていた。それなのに、バリカンで頭を丸めているなんて。どうしてしまったのだろうかと、怖くなってきた。幸いなことに、母が坊主頭にしたのはこの一度だけだった。

義父が愛人と住むようになって数か月が経った。家の中は、物がなくただ広いだけ。状況が悪くなるにつれ、一人では抱えきれなくなった僕は、再びバスケ部の親友に現状を打ち明けた。「一度お義父さんと話し合ってみたらどうだろう?」とアドバイスをされた。僕も前から直接義父に、母のことをきちんと聞いてみたかったが、その勇気が出ないうちに、義父は愛人と住み始め、会うことはなくなった。

一度だけ、義父が荷物を取りに帰ってきたときも、近寄りがたい雰囲気に目を向けることもできなかった。高校三年生にもなって、体だけ大きくなっても、僕には義父と向き合う勇気がなかった。

物心がついたときから、家がこんな状態だったからか、僕は早く自分の家族を持ちたいと、心から思っていた。高校を卒業したらすぐにでも結婚して、家庭を持ち、決して母と義父のような夫婦にはならずに、自分の家族を必ず幸せにする。子供には、僕が味わってきたような思いは絶対にさせない、そう切に思っていた。

バスケ部の最後の大会は、あっさり一回戦で負けて、僕の部活は終わった。中学一年から高校三年までの六年間。なんとかグレることも、荒れることもない生活を送れたのは、バスケ部という居場所があったからだった。

家でなにがあっても、学校に行けば友達がいる。部活では一緒に汗を流してくれる仲間がいる。それだけが心の拠り所だった。受験が近づき、クラスの友達とは繋がりが薄くなっていたが、まだ部活の仲間がいた。でも、最後の試合に負け、部活が終わった瞬間に、居場所がなくなり途方に暮れた。

義父の養子になってからも、ずっと本名の趙勝均《ちょうしょうきん》で生活してきた。だが、卒業を機に、日本で生活しやすくなるように、義父の「前田《まえだ》」の苗字を名乗ることになった。名前は自分で決めていいと言われ、友達に相談したら、僕は学校では趙《ちょう》と呼ばれていて、本名の勝《しょう》という字を取って、前田勝《まえだしょう》にすれば、今までの呼び方にも近いからいいんじゃない？　とアドバイスをもらった。親からつけてもらった字も残せていいと思い、「前田勝」に決めた。

最後の期末テストも終え、授業にも出る必要がなくなった。僕は大学でもバスケを続けたいと思い、社会人バスケの練習に引き続き参加させてもらった。それ以外の時間ではミスタードーナツでバイトを始めることにした。すこしでも家にいたくなかったからだ。

母にバイトのことを伝えると、「今まではお義父さんの会社で手伝ったことがあるけど、それはあくまで身内の手伝いで、あんたは社長の息子だから、周りもあんたに優しく接してくれた。社会に出て本当に厳しいのはこれからだから、しっかり働くんだよ。そして、自分の時間と、労力を使って得たお金の大事さを噛み締めるんだよ」と言われた。

僕は体格が良く、スキンヘッドに近い坊主頭で、当時のミスドの店員は帽子ではなく、サンバイザーをつけていたため、店長からしきりに「前田くんは体格が良くて、怖い印象があるから、もっと笑って、もっと笑顔で！」と言われていた。

バイトを始めて数日後、母が店にやって来た。ちょうどレジに他の店員がおらず、僕が母を接客することになった。僕は恥ずかしく、照れ笑いをしながら対応をしてしまったが、母はちゃんと働いているか確認するように、厳しい視線でじっと見ていた。

高校の卒業式を間近に控えたある日、母に「一緒に映画を観に行こう」と誘われた。今まで一度も二人で映画なんて観たことなかったのに。はじめは面倒くさくて断ったが、どうしてもと頼まれて、一緒に観に行くことにした。

映画館までの車の中、母はいつも以上に明るく、饒舌だった。僕がわざと気のないそぶりをしても、母の話は止まらない。映画館に着き、ちょうど上映するのが『千と千尋の神隠し』と『ハリー・ポッターと賢者の石』しかなく、母が悩んだ末に『ハリー・ポッター』を観ることになった。

初めて母と並んで観る映画は、落ち着かなくて不思議な緊張感があった。母はこの映画を楽しめているのだろうかと、何度も気になって横を見る。すると、母がとあるシーンで爆笑していた。確かに笑えるシーンではあったが、母の笑い声がひと際目立った。楽しめているようで安心していた。それなのに帰りの車の中で、母は全然面白くなかったと言い、『千と千尋』の方にすればよかったと言っていた。あっちの方がアニメだからまだ面白かったでしょ、と。おいおい、あの爆笑はなんだったんだよと思った。

高校の卒業式で着るスーツも、母が一緒に買いに行ってくれた。その一か月後の大学の入学式でも着ることになる。店員のお兄さんに「この子はお尻が大きいから、ズボンは大きめのをお願いします」と言っていて、人が気にしているところを、初めて会った人に言うなよと思った。母にあれやこれやと言われながら、何着か試着してようやく決まった。スーツ姿は気恥ずかしく、母にも笑われたが、すこしだけ大人になった姿を見せられてよかったと思った。

高校の卒業式では大号泣してしまった。小学校はまともに通っておらず、卒業式は窮屈な思い出しかなかった。中学のときは高校と一貫だったため、形だけのものだった。だから、僕にとってこのときが、初めての卒業式と言えた。しかも、中学から六年間通った学校の卒業式だ。教室で担任の先生から最後の言葉をもらっている時点で、すでに泣きそうになっていた。それから講堂に移動して式が始まった。卒業生が一人一人担任に呼ばれて壇上に上がり、校長先生から卒業証書をもらう。そのあとに在校生からの送辞。そして、卒業生代表からの答辞。送辞までなんとか堪えていた涙は、答辞のときにはもう溢れてきて、すすり泣きをしていると、前の席の同級生が、驚いたようにふり返って僕を見て笑った。笑うんじゃねえよ、と思ったが、涙は止まらない。

そのあと、講堂の前に集まってみんなで記念撮影。この日の母は本当に嬉しそうにはしゃいでいた。そんな母を見て僕もすこし恥ずかしく、でも嬉しかった。母から二人で一枚写真を撮ろうと言われ、肩を組んで撮った。

最後に、卒業生と父母のために、食堂でお別れパーティが開かれた。なにか言いたいことがある人は、みんなの前でスピーチすることができる。できることなら答辞をやりたかった僕は、その代わりに、ここでスピーチをすることに決めていた。前の晩に、学校への思いを書いて準備して来た。

でも、いざみんなの前に立って話し始めると、それまでの思い出がたくさん頭によぎってきて、すぐに泣きだしてしまった。四分の一ほど読んだ時点で、話し続けることができなくなった。

ここで過ごしたすべての日々が愛しい。人種差別はなく、友達にも恵まれた。林間学校、スキー合宿、修学旅行。バスケ部の合宿と数々の大会。誰が好きとか、誰に振られたとかの他愛のない話。みんなとの思い出を残そうと、なにかに取りつかれたように撮った写真。

アメリカに行くやつ、東京に行くやつ、台湾に行くやつ。仲の良かった友達はみんな地元からいなくなる。

頭の中で思い出が止まらなくなり、みんなの前で号泣していた。そんな僕を見て、爆笑する人もいれば、つられて泣く人もいた。

最後にありがとうと言いたいのに、全然言えない。スーツは大学の入学式でも着るのに、ハンカチを持っていなかった僕は、袖で涙を拭いていたら、びしょ濡れになった。

お別れパーティのあとに、同級生たちで学校の外に集まって、さらにパーティを開いた。みんなも名残惜しそうだった。

その会が終わっても、さらに残った数人で話す。その間に母から何度か携帯にメールが来た。「お母さんは心配していますよ。みんなと最後の食事で楽しいと思うけど、あんまり遅くならないでね」と。そんな母からのメールを僕は無視した。あの家のことを忘れるために、この日をすこしでも長く過ごすために。

高校の卒業式から約二十日後、大学入学まであと一週間となったときに、バスケ部で最後の合宿をすることになった。下級生たちは通常の合宿として、卒業する僕たち三年生は、最後の思い出作りとして。

合宿先までは母に車で送ってもらった。家から車で約四十分。これが母と過ごした最後の時間になった。母は車の中で、「今までのように、外食ばかりしていたらお金が掛かるよ。炊飯器でご飯を炊いて、外でお惣菜を買ってきて食べたら、節約になるからね。洗濯も大変だけど、自分でやるしかないからね」「これからはお母さんからも、お義父さんからもお金をもらえるわけじゃないからね」などと言っていた。

まるで自分はもういなくなるかのように。そんな風に言われて、僕はどう返したらいいんだ。合宿先に着いたときの母の最後の表情。僕をじっと見つめたあとに、涙が溢れそうになって、それを隠そうとした母。その顔が今でも忘れられない。本当に情けないが、このときに、母から五万円ほど渡された僕は、大金をもらったという嬉しさしかなかった。

母からのＳＯＳの信号を、僕は結局最後の最後まで見て見ぬふりをするか、気づかないまま終わってしまったのだ。母はそんな僕をどう思っていたのだろうか。帰り道、車の中で一人でなにを考えていたのだろうか。

この合宿中は、家のことを考えないようにして、必死に友人たちとの最後の時間を楽しもうとしていた。しかし、二日目の夜の練習が終わり、部屋に戻って携帯を見ると、知らない電話番号から着信があった。すぐに折り返してみると、知らない女性が電話に出て、切羽詰まった声で、「いま家で大変なことが起きているから早く家に行って！」と言った。事情がわからなかった僕は、「今バスケ部の合宿中です」と答えた。するとその女性が「なに言ってんの！家が大変なことになっているからすぐに戻りなさい！」と、さらに強く言ってきた。そこで初めてただ事ではないと感じた僕は、慌てて合宿先にタクシーを呼んでもらい、家に向かった。

タクシーの中で、電話の女性の切羽詰まった声を反芻した。そして、母と義父のケンカや、母の最近の言動を思い返す。まさか、いやいや、そんなはずはない。でも、家でなにが起きているんだろう。どうして母や義父ではなく、知らない女性から電話が掛かってきたんだろう。早く家に着きたい気持ちと、怖くて家に着きたくない気持ちでパニックになり始めていた。

マンションに着くと、パトカーが何台も止まっていて、映画で見るような黄色いテープが、周囲にたくさん張られていた。警察官も何人もいた。その中の一人に、家に入れないから鍵を開けて欲しいと言われた。言われるがままにドアを開けようとしたが、鍵穴に鍵を入れる自分の手が小刻みに震えている。

なんとか鍵を開けると、警察官が一斉に家の中に入って行き、僕は外で待っているようにと言われた。三月末の夜、寒さのせいなのか、恐怖からなのか、手の震えが体全体に広がる。それまで体験したことのない震えだった。

しばらく待っていると、家の中に入るように促された。「部屋の中で、男性の方が亡くなっています。その遺体を確認して欲しい」と言われた。男性の遺体。それは、もしかして。案内されたのは、玄関からすぐそばの、義父が使っていた部屋だった。

そんなはずはない。絶対にない。祈るようにして部屋の中に入っていくと、見覚えのある背格好の人が床に横たわっていた。半年前に比べると、お腹の膨らみがとても大きくなっていて、ああ、あっちの家で幸せに暮らしていたんだなと場違いな思いが頭をよぎった。

顔全体にガムテープが巻かれていたが、義父に間違いなかった。顔の他にも、首と両足首の二か所をネクタイで縛られ、すぐそばのテーブルの上には、ハンマーが置いてあった。床と壁には、たくさんの血が染みていた。

ちゃんと顔を見て確認をして欲しいと言われ、顔のガムテープをめくってくれたが、とてもじゃないが見られなかった。それでも間違いなく義父だった。だから僕は、間違いありませんと答えた。およそ半年ぶりに見た義父は、死体となっていた。ただ、今すぐにでも起きてきそうに思うほど、現実感がまったくなかった。

義父の遺体確認のあと、僕の部屋に、母らしき人からの手紙があると教えられた。でも、それは今はまだ見せられないとのことだった。そして息子に手紙を残していることから、「突発的な殺人ではなく、計画的な殺人と推測できる」と言われた。

突発的とか計画的とか、そんなことよりも、母が今どうしているのかを教えて欲しかった。そのあとは、僕の事情聴取のために、パトカーで警察署に向かった。

警察署の案内された部屋で、一人不安に駆られながらしばらく待機していると、「もう一人の遺体確認もして欲しいからついて来て」と言われた。もう一人。母の今までの言葉を思い返すと、それは愛人なのか。それとも……。

廊下を歩きながら、どちらでもあって欲しくないと願ったが、ここまでくると、それはないと悟ってきた。そして気がつくと、涙が流れ始めていた。こんな考えはだめだと思いながらも、どうか母であって欲しくない。そう願いながらついていくと、屋外に出た。その先に倉庫のような建物があり、入口が大きく開けられている。その真ん中に、なにか台のような物があるのが、遠くからでも見える。

一歩ずつ近づいていくと、それが棺であることがわかった。枕元には、線香と火が灯された蠟燭が立てられていた。どうか、どうか母ではありませんようにと、泣きながらも必死で祈り、ゆっくりと棺の中を覗くと、そこには母の体が横たわっていた。

義父のときとは違い、母の顔がすぐに見える。目はうっすらと開いていて、口もほんのすこし開いていた。そこで母の死因を知らされた。十一階建てのマンションの屋上からの飛び降り。自殺で間違いない、と。飛び降りて死んだ人の死体を見たことはないが、それにしても母の体は綺麗だった。ただ眠っているようにしか見えない。右半身は見えないようになっていたが、見えている左半身は、傷一つなく綺麗だった。ただ眠っているだけで、揺すり起こせば、すぐにでも起きてきそうだった。

でも、間違いなく二度と起きてくることはない。母と今まで過ごした日々が、急に頭に浮かび、涙が止まらない。母が死んだ。僕のことを愛していると言っていたのに、結局は義父を取った。一番愛している義父を殺し、自らも追いかけて死んでいった。

無理心中。ニュースで何度か聞いた言葉。その言葉の意味がわからなくて、母に聞いたことがある。人を無理矢理殺して、そのあとに自分も死ぬこと。それが目の前で起きた。僕は泣きながら母が憎いと思った。僕はまたしても母に捨てられた。

この頃の僕には、一つの夢があった。それは、母と台湾の父と、僕の三人で一枚の家族写真を撮ることだ。すぐには難しいかもしれない。何十年とかかるかもしれない。でも、いつの日か、共に六十歳、七十歳を過ぎた頃、母が穏やかになり、父の色々なことを許せたときに。僕も四十歳くらいになって、母のことを、ちゃんとお母さんと呼べるようになって、みんなが今よりも、お互いのことを受け入れられるようになったときに、家族写真を撮る。今は無理でも、その夢は持ち続けよう。そうすればきっといつか。そう信じていたのに。その夢は叶えることができなくなった。

母の遺体確認をしたあと、再び狭い部屋の中に戻された。泣きすぎて頭がぼうっとする。どうやってその部屋に戻ったかは覚えていない。そこで改めて事情聴取されることになった。

義父の遺体確認で、すでにパニック状態になっていた僕は、母の遺体確認をしたあとは、溢れてくる涙を止めることができなかった。警察の人からなにを聞かれても、ただ泣くことしかできなかった。「辛いと思うけど、なにか答えてくれると助かる」と言われても、なにも答えることができなかった。ただただ、ずっと泣いていた。

僕があまりにも泣いているからか、警察の人も、途中から涙をこぼし始め、泣きながら調書を書いていた。なにも答えていないのに、それでもその人は、一緒に泣きながら調書を終わらせてくれた。僕は泣きすぎて、最後の方はもう涙も流れず、ただ呆然としていた。人は悲しすぎると、涙が出なくなるんだと、このとき初めて知った。


母がどんなに義父を殺す、殺してやると言っても、本当に実行するとは思えなかった。義父は屈強な男性で、母は小柄な女性で、体格も倍ほど違うから、できるわけがないと思っていた。人が人を殺すなんてこと自体が簡単にできるとも思えなかった。

でも、母はそれをやってのけた。そして、宣言通り、自らも命を絶った。母の覚悟をどこかで甘く見ていたんだ。できるわけがない。やれるわけがない。万が一、本当に義父を殺そうとしたとしても、体格と力で勝る義父に止められるだろうと。後悔。母のことを止められなかった後悔。そのせいで義父を、母を失った。ちくしょう。ちくしょう。


深夜だったこともあって、朝まで警察署で過ごさせてもらった。つけていたコンタクトは乾いて目が痛いし、泣きすぎて頭がぼうっとする。朝まで一人で部屋の中で呆然と座っていた。

朝になって、警察の人が呼んでくれたタクシーで合宿所に戻った。眠気も加わって頭が回らない。タクシーの中で、これからのことをぼんやり考える。でも、何一つ明確に考えられない。

窓の外の景色を眺めることしかできなかった。これが夢だったらいいのに。逃げるような気持ちで、そう願うのが精一杯だった。

合宿所に着き、部屋に入ると、ちょうど親友が起きたところだった。彼を見たら心が緩んだのか、また涙が流れてきた。前夜に急に合宿所を飛び出したと思ったら、朝早くに帰って来て、突然泣き出した僕を見て、彼はとても驚いていた。

彼に昨夜起きたことをかいつまんで説明する。義父が母に殺されたこと。その母も自ら飛び降り自殺したこと。その二人の遺体をそれぞれ確認したこと。警察署での取り調べ。

義父が死んで、母もいなくなった。これからどうしよう。泣きながら彼に問いかけたが、答えられるわけがない。

一夜にして母と義父を失くしてしまった。生まれたわけでもないこの国で。兄弟も親戚もいないこの国で。友達ともこれから別れるのに。僕はこれからどうしたらいいんだ。涙が出なくなるほど泣いたはずなのに、涙が溢れて止まらない。もう疲れた。泣いているうちに眠りについた。


その日の夜には義父の親族により、二人のお通夜が行われた。僕が着いた時間が遅かったからか、会場には参列者は誰もいなかった。お通夜は初めてで、どうしたらいいのかわからず、一人でしばらく座っていることしかできなかった。事情を知ったバスケ部の先生が、合宿所から式場までの往復を、車で送ってくれた。もう新聞にも載っていることも教えてもらった。先生も心配してくれているようだった。でもどうしたらいいのかはわからず、合宿所に戻る途中で、マクドナルドに寄ってハンバーガーを買ってくれたのが、妙に可愛らしいなと思った。

合宿所に戻り、新聞を見ると確かに載っていた。近隣住人からの証言で、何度もケンカの声が聞こえていた、と書いてあった。

最後の思い出を作るために参加したバスケ部の合宿。ろくに練習にも参加できなかった。何度も合宿所から外に出たことに関しても、みんなにきちんと説明することもできない。これから新しい道に進むみんなに、こんな出来事を言えるわけがなかった。下級生たちにも心配させたくなかった。最後に、みんなで一枚の写真を撮ったことが唯一の思い出となった。

合宿の最終日。合宿所から家まで、親友のお父さんの車に乗せてもらった。たったの三泊四日の間に、すべてががらりと変わってしまった。

その車中、事件を知ったクラスの同級生が電話を掛けてきた。お通夜の式場まで送ってくれた先生もそうだったが、亡くなってからまだ二日も経っていないのに、もう知っている人がいるのかと不思議だった。心配して電話を掛けてきたはずなのに、まるで普段通りの口調で「大変なことが起きたらしいな。大丈夫か？」と問いかけてきたのが、なんとも彼らしくて、すこし救われた気がした。

そしてすぐに葬儀が行われた。喪服を持っていなかったため、高校の卒業式で着たスーツで参列した。会場内に入ると、周りからの冷たい視線を感じる。母と義父、親二人を同時に亡くした子供のつもりでいたが、この場に来て、初めて、いや改めて、自分の母が義父を殺した、その罪の大きさを感じることになった。受付で名前を書こうとすると、係をしていた義父の会社の社員から冷たい視線を浴び、胸に突き刺さる。そして、義父側の親族からの視線。喪服を着ているからなのか、異様なほど、重たく、怖く感じた。まるで義父を殺したのが僕のように思えた。

そんな視線に囲まれて、案内されるがままに最前列に座る。目の前の右手には母の、左手には義父の棺が置かれていた。棺の上辺りに、それぞれの遺影が飾られている。無理矢理拡大された写真には、二人の笑顔がぼやけて写っていた。

全員が着席したのを確認した司会が、式を進め、喪主の挨拶が始まった。喪主は、義父側の親族が務めた。涙を堪えながら参列者に挨拶をする姿を見て、ただただ申し訳ない気持ちでいっぱいだった。それから、お坊さんのお経が終わり、「故人に最後にお花を贈ってください」と、司会が言ったのをきっかけに、参列者が立ち上がり、一斉に義父の棺に向かった。

最前列にいた僕を、みんなが後ろから追い抜くような形で、義父の棺に向かう。母のところには僕しか行かなかった。ああ、そりゃそうだよな、母が殺したんだもんな、とそんな言葉が頭に浮かぶ。

いたたまれない思いを抱えながら、母の棺を覗いてみると、霊安室で見たときと同じように、母が眠っていた。これで母の顔を見るのは最後になる。そう思ったらまた涙が溢れてきた。義父側を見ると、親族や関係者がみんな泣いていた。それを見たらまた申し訳ない気持ちでいっぱいになった。

僕の母が殺してすみません。すみません。本当にすみません。申し訳ありません。ごめんなさい。心の中で何度も何度も謝った。謝りながら母を見る。なんてことをしたんだよ。見てみろ、あの人たちの涙を。お前が殺したせいで、みんなが悲しい思いをしているんだぞ。そう罵りながらも、たった一人の母が亡くなったことに対して、涙が止まらないという訳がわからない感情になった。

学校の先生方と、校長先生が参列してくれていた。義父のところに行ったあとに、母の棺にもお花を供えてくれた。それがほんのすこしだけ救いになった。先生の一人が、ずっと泣いている僕の手から花を取り、母の棺の中に入れてくれた。母のうっすらと開いている目を、閉じてあげようかと思ったが、怖くて触れられなかった。義父側の親族や関係者は、誰一人母の棺には来てくれなかった。

僕が母の棺から離れないからか、司会の人がそっと僕に近づき、「あちらの棺にも行って、お顔を見てあげてください」と言ってきた。恐らくその人は気を遣って言ってくれたのだと思う。でも、お願いします、そんな酷なことをさせないでください。僕の母が義父を殺したんです。義父と僕には血の繋がりはないんです。義父の棺の周りには、義父と血の繋がった子供や親戚、会社の従業員がたくさんいます。僕をそこに行かせないでください。被害者のところに、加害者の息子を入れないでください。心の中で必死にそう叫んだ。

僕が義父の棺のそばに近づくと、周りの人たちが一斉に一歩引いた気がした。みんな、僕を見ている。ごめんなさい。母がこんなことをしてごめんなさい。本当にごめんなさい。母がしたことへの申し訳なさと、周りの視線に耐えられなかったのと、義父の顔を見るのが怖かったのとで、棺の中に目を向けることができなかった。母が殺してしまった義父の顔を、どのような気持ちで見ればいいのかわからなかった。僕は訳もわからない感情のままずっと泣いていた。僕に泣く資格があるのかと思いながらも泣いた。

そのあと、親族だけで霊柩車に乗って、火葬場へ移動することになった。車に乗る前、先生の一人が僕に近づいて来て、「これから大変だから、なにかの足しになれば」と先生たちが集めてくれたお金をもらった。その優しさにまた涙が溢れてくる。

初めて乗る霊柩車。助手席に乗り込んで、母の遺影を抱えながらの移動。移動の間、通りすぎる人たちがこちらを見る。僕は外からどのように見えているのだろうか。

二十分ほど走り、火葬場に着いた。二人の棺が、火葬炉にそれぞれ入れられる。もちろん、母の火葬炉の前には僕一人だけ。魂の次は肉体もなくなる。いよいよ、本当に最後のお別れ。義父側の親族たちはここでも泣いていて、隣で見ているのが辛かった。僕も涙を流したが、母に対してなのか、義父の親族に対してなのか、自分でもよくわからなかった。遺体が完全に燃やされるまで待っている間、別室に案内され、そこでみんなで食事をすることになった。

この火葬場には、学校の先生方はおらず、僕と義父側の親族だけだった。食事のときに、母のことでなにか言われると思い、とてもご飯を食べられる気分ではなかった。

しかし、食事の場は思いのほか和やかで、母に対する恨みを言うような雰囲気ではなかった。義父側の親族は、みんなで明るく話していた。今晩義父が夢の中に出てきたらどうしようとか、死んでもヒゲって伸びるんだね、などと笑いながら話している。もちろん、僕は笑うわけにはいかないが、そんなやりとりに戸惑いつつ、すこしだけほっとした。

火葬が終わると、食事を切り上げ、また火葬炉に移動した。母と義父が炉から出てきた。義父の方には、まだ骨の形が残っているものがいくつかあったが、母の方は粉々になっていた。母は体が小さい人だったが、焼かれてもなお、こんなになにも残らない人だったのかと思った。案内の人に言われるまま、義父の喉仏の骨を、義父側の親族の一人と一緒に、お箸で骨壺に入れる儀式を行った。「喉仏は、文字通り、仏が……」などと説明をしながら、進行してくれている。ここでも僕は心の中で、「僕にやらせないでください。僕の母が、義父を殺してしまったんです」と、必死で叫んでいた。係の人は事情を知らないのだから仕方ないが、僕が義父の骨を骨壺に入れるのを、親族たちはどんな思いで見ていたんだろう。僕は申し訳ないと思いながらも、断ることができず、促されるままに一緒に行った。

火葬場での段取りがすべて終わり、義父側の親族とはそこで別れることになった。火葬場では最後まで、なにか言われることはなかった。しかし、別れ際に「後日また連絡する」と言われた。そのときの雰囲気から、やっぱりこのままでは終わらないんだと思った。

事件の起きた家でこれから一人で寝るのかと不安に思っていたら、心配してくれた同級生がしばらく泊めてくれることになった。同級生の家に行く前に、一旦着替えを取りに家に入った。合宿所から戻ったときも、葬式用のスーツを着るために一度家に入ったが、時間に追われていたため、落ち着いて中を見ることはできなかった。

改めて玄関から中を見渡すと、以前にも増して薄暗くどんよりしていて、息を吸うのも重く感じた。母と義父と僕の三人で、焼肉を食べながら、楽しく話していた頃もあった同じ場所とは思えない。

義父の部屋を恐る恐る覗いてみると、床の血は目立たないくらいに拭き取られていた。横の壁は、血の付いた部分だけが切り取られ、新しい壁紙が貼られている。明らかに不自然な二か所。どうやっても、元には戻らないと言われているような気がした。自分の家なのに寒気がずっと止まらない。スーツを着替え、カバンに服を入れられるだけ入れて、すぐに出た。


それから、すぐに義父側の親族から話がしたいと連絡があり、自宅で会うことになった。遅れるわけにはいかず、早めに家に着いて待つ。その間は、やはり空気が重く感じた。この家では義父しか亡くなっていないはずなのに、母と二人が死んだ家のように思える。電気を付けるには中途半端な時間帯だったため、薄暗いリビングで、到着を待った。

僕よりすこし遅れて、義父側の親族四人と幼い子供一人が来た。これからきっとなにかを言われる。今でもなぜそんなことをしたのか説明できないけど、当時の僕はどうにかこの状況から逃れられないかと思い、幼い子供を笑わそうと変顔などをしていた。

しかしそんなことで現実が変わる訳はなく、親族の女性から、「あの人も浮気というやってはいけないことをしたけど、それでも殺してしまうのは、絶対にあってはならないこと。あなたに言ってもしょうがないけど、あの女も自殺して亡くなった今、私たちは生きているあなたを恨むしかないの。私たちはこれからあなたを恨み続ける。あなたはこれから一生、人殺しの息子として生きていきなさい」と言われた。

話をするのはその女性一人だけで、他の親族はじっと黙って僕のことを見ていた。その目から同じように思っていることが伝わってくる。薄暗いリビングというシチュエーションが、親族たちの思いをさらに際立たせている。僕はいつの間にか姿勢を正して正座をしていた。


やっぱりそうだよな。火葬場での食事が和やかだったからって、母がやったことを許してもらえるわけがない。なのに僕は、突然その人たちの目の前で、幼い子供を笑わせようとしていた。それを義父の親族たちはどんな思いで見ていたのだろうか。

そして最後に、「あなたも私たちに何か言いたいことある?」と言われた。まだ十八歳だった僕は、母がしたことの重大さを、どう謝ればいいのかわからなかった。それでも、息子の僕が、母の代わりに謝らなければならない。僕は自分なりに精一杯の謝罪をさせてもらった。

僕の謝罪が終わるなり、親族たちは帰っていった。事件が起きてから、初めて義父側の親族たちの思いを知り、母がしたことは、絶対に許されないことだったと改めて思わされた。そして、僕はこれから一生、人殺しの息子として生きていかなければならないのかと思うと、どうしようもない気持ちになった。


それからもしばらくは、同級生の家に居候させてもらった。元々は家から大学に通う予定だったが、マンションは処分する方向で話が進み、住む家がなくなった。そこで、事情を知っている中学からの同級生が、「落ち着くまではうちに泊まっていいから」と言ってくれた。すぐに一人で暮らすのは、精神的にも難しく、しばらくの間お世話になることにした。

中学の頃から、平日の夕食は基本的に一人で食べていた。同級生の家にお世話になっている間、そこの親御さんからの、「今日は夜何時に帰って来るの？」「晩ご飯は家で食べられるの？」という連絡がなんだか妙にくすぐったかった。そうか、夜ご飯はみんなで食べるのが普通だよな、と改めて思った。


マンションの処分は義父の親族がやってくれた。義父が亡くなったことでローンが免除されるらしく、家にそのまま残って住んでもいい、と言ってもらった。しかし、一人で住むには広すぎるし、気持ちの面でも色々なことを思い出してしまうからと、処分をお願いした。

そしてそのときに、母と義父の遺骨はお墓ではなく、お寺に永代供養してもらうことになった、と伝えられた。どうしていいのかわからなかった僕は、その決定に異議はなかった。

マンションを処分する際、「母と義父の写真が入っているアルバムは持っていく？」と聞かれた。母のことが許せなかった僕は、「好きにしてください」と伝えた。母の持ち物は全部いらないと思ったが、どこかで繋がっていたい気持ちもあったのか、携帯電話と、財布の中に入っていたお守りと、運転免許証を形見として持ち帰ることにした。


葬式から一週間ほど経ち、すこしだけ落ち着いてから、母が亡くなったことを、電話で台湾の父に伝えた。中学、高校の夏休みに、台湾に帰る度に、父には母と義父の状況を伝えていた。だから、義父の浮気や、二人のケンカのことは知っていた。でも、多少のケンカはあっても、母が日本で幸せに暮らしていると思っていたのに、まさか義父を殺して、自殺するなどということがあるとは、思っていなかっただろう。父は話を聞いて、何度もため息をついた。

父に「お前は大丈夫なのか？　台湾に帰って来て俺と一緒に仕事するか？」と言ってもらったが、大学も始まっているし、今台湾に帰っても、できることはあまりないから、と断った。

母には、僕が通った中学、高校の同級生の親で、友達と呼べるほどではないが、親しい人が何人かいた。かなり悩んだが、礼儀として、母が亡くなったことを伝えた方がいいと思い、何人かに電話で伝えた。

高校の卒業式で会ったばかりなのに、突然のことでみんなとても驚いていた。それから、僕のこれからのことを聞いてきたり、「大変だけどがんばってね、なにかあったらいつでも連絡してきてね」と言ってくれた。


しばらくして、警察からようやく母の遺書を渡してもらった。

「スンギュンへ。おかえり！　バスケットはたのしかった？　何からどう書けば良いのか、、、ムネがつまって、、、お母さんはこんな死に方で死んでいきますが恨まないでね？　今マデは何から何マデお母さんにしてもらったけど、もう今からスンギュンは一からスタートするのと一緒で、大変だと思いますが、泣いたりくじけたらためヨ！　貴男は本当にりっぱな男の子です。このお母さんの息子に生まれて来たのがもったいない位にマジメですなおなスンギュンを、この様なかたちでのこしておいて、お母さんはこの道をえらんだ、、、この半年間、どんなに思い悩み、どんなに考えても、このせんたくがまちがいないと、、、判断してからやってる事だから、少しは理解してもらいたい、、、貴男は、今マデと同じ様な生き方をして行けば心配無いヨ。マジメに、いっしょうけんめいに頑張れば、世の中捨てたものではない。そうしきは私がいらないと言っても生きのこって居る者がするだろうけど、あんまりお金はかけたらためだヨ。そんなん、いらない、、、生きて居るあなたたちが少しでもお金をのこして、生活に足しになる様にお願い、、、いつか、とんなかたちで要るかわからないので、東京のおじさん、韓国のおばさんの電話番号は書いておくけど、絶対にそうしきとかへ来る様にしないでほしい、、、死者に口無だから、死んでからでは意思を伝える事が出来ないので、こうやって貴男に書きのこしておく、、、これだけは何があっても守ってもらいたい、、、お母さんが生きて居るうちに、向うにけっこうめいわくもかけて来たし、みじめな私の死に顔を見せて悲しい思いだけは絶対にさせてはいけない、、、もうひとつは、お父さんを私が殺す訳だから、加害者のいぞくだと思って片身のせまい思いをさせてもいけない、、、それはお母さんの良心が許せない、、、しばらくして全てがおわってから電話してもいい、、、」

母の遺書には、そう書いてあった。それと「もうスンギュンのケイタイは一か月位でとめられるから、免許証持って行ってケイタイショップで買って、、、ついでに自動引きおとしの（料金）手続きも済ましてネ？　そうするとべんりだヨ。ごみ出しは大変だと思うけど（分別）やるしかほかにないから、区やく所でも行って分別表でももらって来ておぼえてネ？」と書いてあった。

おじさんやおばさんに悲しい思いや、肩身の狭い思いをさせてはいけない？　俺はどうなんだよ。俺はそういう思いをしてもいいのかよ。お前のせいで、そんな思いをどれだけしてきたと思ってんだよ。くそ。くそ。字も変なところでカタカナになって、濁点もついてない。最後は呑気にゴミ出しの仕方。母のことが憎いと思っているのに、なんでまた涙が流れるんだろう。

警察から遺書と一緒に渡された書類を見て、僕はそこで初めて母の生年月日を知った。もちろん義父の生年月日も。誰の誕生日も祝ってこなかったこの家。最後の最後まで、母と寄り添うことができなかった僕。六年間もそばにいたのに、母の年齢を死亡証明書で初めて知るなんて。なんて寂しい家族だったんだろうと思った。

第四章　母のことを知って欲しい

——日本　18歳～29歳

慌ただしくしている間に大学に入学していた。入学式に出る気になれず、次の日から登校した。

バスケを続けたいと思い、入れる大学の中で、一番バスケ部が強い学校を選んで進学した。でも、母と義父が亡くなったことで、部活のことを考える余裕もなかった。校内のベンチにぼんやり座っていると、体格のいい男性がにこやかに近づいてくる。その男性に「アメフトって知ってる？」と、それまで考えたこともなかった、アメリカンフットボール部の勧誘を受けた。

一人で心細かった僕は、明るく優しく声をかけてくれたその先輩について行った。部室には何人かの新入生たちがいた。高校の友達が周りにいない今、とにかく誰かにそばにいて欲しかった僕は、そのままアメフト部に入部した。

大学に通い始めてすこし経った頃、義父の親族に、義父の会社のことと、保険金についての話をされた。義父が経営していた会社は畳むことにしたそうだ。取引先との仕事は、義父が持っていた一級建築士の資格と、長年の信頼関係があったから成り立っていたという。それに代わり、関係性も資格もない実の息子が継いでも、事業の後継は難しいためだそうだ。

僕には母の生命保険の保険金が下りることになった。受け取れるのは二十歳になってからで、それまでは、必要最低限の一時金をもらうことになった。義父の生命保険と会社の保険金は、義父の親族たちが受け取ると言われた。「もしあなたも欲しければ、自分で弁護士を立てて、申請しなさい」とも言われた。母がしたことで申し訳ない気持ちでいっぱいだった僕は、それについてはもらいませんと伝えた。

台湾の父に色々な報告をする中で、母の生命保険のお金をもらえることも伝えた。すると、「新しい商売を始めたいから、保険金からいくらか貸してくれないか?」と電話で言われた。

なんかもう無理だ……。自分の中で十八年の間に溜まってきたなにかが爆発しそうになって、叫びたくなった。

これから日本でどう生きていくのか、不安で仕方ないのに、金を貸せってなんだよ。一緒に過ごしていたときから父のことは頼りなく、母から離婚を告げられても仕方がない人だと思っていた。子供の僕から見ても甲斐性のない男だった。父がしっかりしていたら、母も離婚することはなかったし、日本に行くこともなかった。そうしたら家族三人で一緒に暮らせていたはずなのに。

身勝手なことばかりしてきた母も憎んでいるが、それと同じようになにもできない父にも憎しみはある。それでも自分の本当の父だ。何年か一緒に過ごしたから情はある。でも、この時期にお金の要求をしてきたことは許せなかった。今まで何度も自分が開いた店を失敗してきて、自分がそういう器じゃないことがわからないのか。それなのにまだ自分でなにかをやりたいのか。しかも、子供にお金を借りてまで。心底台湾の父が嫌になった。

考えれば考えるほど、それまで溜まっていたものが溢れそうになり、大声で叫びたくなった。なんでだよ！　なんで俺がこんな思いをしなきゃいけないんだよ！　あの嫌な視線を浴びせてきたやつらに言ってやりたかった。俺だって好きでお前らのところにいたいんじゃない！　いじめてきたやつらを一人一人ぶん殴ってやりだかった！　俺が何人《なにじん》だろうがお前らになんの関係があるんだよ！　韓国、台湾、日本、俺の意見も聞かないで勝手にたらい回しにするんじゃない！　人殺しの息子ってなんだよ！　俺を恨むってなんだよ！　俺が悪いんじゃない！　金を貸せってなんだよ！　心配しているなら今すぐ日本に会いにきてみろ！

僕は、そう叫べない代わりに、父の頼みを無視した。そして、二度と電話を掛けなかった。

いつまでも同級生の家に居候させてもらうわけにもいかず、大学での生活が落ち着いた頃、一人暮らしの部屋を探すことにした。保証人が必要なため、義父の長女が一緒に探してくれた。母があんなことをしたのに、彼女は嫌な顔一つせずに手伝ってくれた。

保証人が義父の親族ということで、管理会社の担当者に事情を聞かれた際は、その長女が、両親が亡くなったことだけを簡単に説明した。担当者は驚きつつ、自分がつい最近会えた、生き別れの兄弟の話をし始めた。しかし、こちらは母が殺した義父の長女に、部屋探しを手伝ってもらっている。ただでさえ申し訳ない気持ちでいっぱいなのに、これ以上その話を広げないで欲しいと思った。

初めての一人暮らし。同級生の家に居候させてもらっていたときは、その彼と同じ部屋で寝ていた。だから、このときから一人だけで寝る日々が始まった。暗いところにいると、霊安室で見た母の姿と、ガムテープを巻かれた義父の姿が、目の前に迫って来る。寝るときも怖くて電気を消すことができず、テレビを付けっぱなしにして、明るく騒がしい中でなんとか眠りにつこうとした。それでも変な声や音が聞こえる気がして、すぐに目を覚ます日々がしばらく続いた。母の声が、床の下から聞こえたことも何度かあった。

さらに、義父の親族や関係者に対する申し訳なさ、一生恨み続けると言われたショック。そして、これからの人生のことを考えると、生きるのが途方もないことのように思えてきた。いっそのこと死のうかと考え始める。住んでいた六階の部屋のベランダに出ては、下の駐車場を見つめながら、このまま飛び降りようかと何度も思った。

母の遺書に従い、葬式が終わってしばらくしてから、韓国の姉の方のおばさんに母が亡くなったことを伝えた。僕は韓国語をほとんど忘れてしまったが、おばさんが日本語をすこし話すことができて、なんとか伝えることができた。電話の向こうでおばさんが泣いているのも、悲しんでいるのもわかる。「どうして、なんで」と、何度も言っていた。

それからすぐに、韓国のおばさんが日本に会いに来てくれた。おばさんとは約十一年ぶりの再会だった。記憶の中のおばさんは強く、厳しい人だった。そしてあの邪魔者を見るような目。またあの目で見られるのかな、嫌だなと思いながら駅まで迎えに行く。しかし、再会したおばさんはとても弱っていて、片方の足を引きずりながら歩いていた。駅から僕の部屋まで、歩いて十分ほどなのに、おばさんの歩みは遅く、しんどそうだった。

おばさんは僕の部屋に着き、汗を拭いて、呼吸を整えると、母の最期の様子を聞いてきた。僕の話を聞きながらおばさんはずっと泣いていた。「辛かったなら韓国に帰って来たらよかったのに」と悔やんでいた。おばさんに「お母さんの写真はないか？」と言われ、高校の卒業式のときに、二人で撮った写真を見せた。すると、おばさんはさらに泣き出した。

母のために、初めて泣いてくれた人だった。その涙を見たら僕も泣けてきて、二人でしばらく泣いた。おばさんが「スンギュンだけはお母さんのことを忘れたらだめだよ。忘れたらお母さん寂しいからね」と言った。

幼い頃、韓国でおばさんの家に預けられたときは、怖い人だと思っていた。再会するのも嫌だったが、おばさんの涙と、母への愛を見たらすべてが愛しくなり、韓国の頃に受けた様々な出来事が全部許せた。おばさんの涙はずるいなと思った。

大学の授業で、自分が生きてきた人生の出来事を論文にして提出する、という課題を出された。本当のことを書いたらどう思われるのか、人殺しの息子であることを隠すべきなのか、と悩んだ。ただ、論文を書くだけでも大変なのに、自分の人生を隠すとなると、さらに果てしない作業になりそうだった。だから思い切って、ありのままに書いて提出した。するると、後日教授に呼び出されて、「書いてあることは本当なのか？」と聞かれた。優秀な論文は、大学のホームページに掲載する予定で、本来なら僕が書いたものもそこに載せたいが、僕のことを考慮して、そこには載せないという。その代わりに、最高の評価をつけてくれた。そして、「大変だけど、頑張ってね」とも言ってもらった。

自分の人生が、第三者から見たときにどう思われるのか恐れていたが、評価して、応援してくれる人がいたことは、すこしだけ救いになった。僕に両親がいないことは、その教授からアメフト部の監督に伝えられた。その教授なりに、僕のことを心配してくれたのだと思う。それから、監督にも呼び出されて、事情を聞かれた。部活のキャプテンや先輩たちにも伝わり、皆一様にとても驚いていた。

ただ、教授から監督には、母が義父を殺したとは伝えられておらず、最近両親を亡くしたことだけが伝えられていたため、変な目で見られることはなかった。気遣ってくれた先輩たちは、僕を自宅に呼んでご飯をご馳走してくれたり、工場のバイトを紹介してくれたりした。

八月頃、まだ地元に残っていた親友が、アメリカの大学に入学するため、日本を発つことになった。ずっと心の支えだった彼がいなくなることで、駅で見送るときに号泣してしまった。僕のことをずっと心配してくれていた彼も号泣していた。親友の存在の大きさを改めて実感した。高校在学中はもちろん、母と義父が亡くなってからも、ずっと支えてもらっていた。彼といるときは寂しさを紛らわせることができた。でも、その彼もそばからいなくなる。

見送った駅から家に戻る。この現実をどうしても受け入れられずに、部屋でも一人でずっと泣いていた。どうしてももう一度会いたくなり、別の同級生に電話して、空港まで車で送ってくれないかと頼んだ。快く引き受けてくれた同級生と一緒に空港まで向かった。

親友は驚いていたが、嬉しそうに笑ってくれた。空港でもう一度会えたことで、気持ちも落ち着いて、今度は清々しく見送ることができた。もう一度会えなかったら、恐らくずっと落ち込んだままだっただろう。


その親友を最後に、仲の良かった友達は、みんな地元からいなくなった。それからは大学の授業や部活に専念することにした。でも僕は大学に通うことに悩み始める。元々大学には興味がなく、母と義父の勧めで入っただけだった。

単位は取れていたし、部活やクラスで友達もできて楽しかったが、やはり大学にお金を使うのは、自分には必要じゃないと判断した。そして、二年生になる前に退学した。一年間しか通わなかったが、その間に気持ちをすこし落ち着かせることができて、とても必要な時間だった。

母と義父もおらず、大学も辞めたのに、台湾に戻ろうとは思わなかった。今、台湾に戻ったとしても、居場所があるとは思えなかった。それに、語学力が落ちた僕に、できる仕事も少ないだろうと思っていた。

台湾に帰ると、もう日本に戻ることは難しいだろうとも思った。思い出も友達も多く、中学高校と、人生の中でも大切な時期を過ごした日本で、生きていくことを決意した。

大学を辞めてからは、とにかくバイトを探した。けれど、外国人という理由で何度も面接に落ちた。この頃から前田という名前を使っていたが、面接で僕が外国人であることを知ると、急に態度が変わる人に何度も会った。「ああ、どうりで日本語が変なんだね」と言われたり、「うちは外国人は雇ってないから」と断られた。中には、外国人とわかった途端、急に足を組んでふんぞり返り、履歴書を斜めに持って読む人もいた。日本で生活しやすくするために前田と名前を変えたのに、そのことで嫌な思いをすることになった。それでも探し続け、なんとか韓国料理屋で働かせてもらうことになった。

大学に通うために借りていた部屋は、交通の便があまり良くなかったため、職場の韓国料理屋に通いやすい、元々住んでいた街に引っ越しをした。このときも義父の親族に保証人になってもらったが、部屋は一人で探した。管理会社経由ではどこにも契約してもらえなかった。直接面談をしてくれる大家さんに出会い、家庭の事情を説明して、ようやく借りられることになった。そして、「がんばるんだよ」と言われ、家賃を千円安くしてもらった。

それからはバイトと、社会人バスケの練習に参加させてもらう日々。それほど仲が良かったわけではない高校の同級生たちと、ご飯を食べに行ったり、一緒に遊んだりするようになった。仲が良かった友達が、みんな地元からいなくなったこの頃、彼らの存在にとても救われた。

二十歳を迎え、母の保険金が振り込まれた。銀行で記帳して、金額を確認する。その年齢で持つには多すぎる額だったが、母の命の対価として多いのか少ないのか、わからなかった。どう扱ったらいいのかわからず、銀行に預けたままにしていると、ある日を境に、連日のように投資の勧誘が来るようになった。そのしつこさが怖くなり、銀行を変えて、今度は連絡が来る前に、自分で投資を始めてしまおうと思った。

預金を移す際に、窓口の担当者から、「せめてひと口だけでも当銀行に預けませんか？」と懇願された。その必死な様子も怖く感じた。断ると、冷めた目つきでぼそりと「そうですか」と言われ、急に事務的に対応された。お金のことで態度が一変した大人を見て、何とも言えない怖さを感じた。


バイトとバスケと友達と遊ぶ日々は充実していたが、将来のことを考えると、不安になった。そんなとき、住んでいたアパートのポストに、あるチラシが入っていた。そこには、時間に縛られることなく、お金にも困らない人生を送ろう、という謳い文句が書いてあった。

書いてある内容はかなり怪しかったが、バイトの面接でさえ、外国人という理由で何度も断られた自分としては、日本で生きていくためには、なんとか一人立ちしなくてはと感じ、その仕事をすることに決めた。

それが、いわゆる「マルチ商法」であることは、このときはまったくわかっていなかった。

その会社から、まず最初に商品を買う。それを実際に使ってみて、商品の良さを実感したうえで、色々な人に紹介していくという仕事だと教えられた。そして、僕の電話番号が入ったチラシを、数千枚単位で仕入れて、それをマンションやアパートのポストに入れる。

マルチ商法という知識がなかった僕は、なんの抵抗もなくやっていた。しかし、何件か電話が掛かってきて、そのどれもが「これは犯罪じゃないのか？」「こんなことが本当に儲かるのか？」「人を騙そうとしやがって！」など、罵詈雑言を浴びせられて、どれだけ説明しようとしても、一方的に電話を切られるのがほとんどだった。

それでようやく、僕もこの仕事は良くないことだと気づいてすぐにやめた。高い出費をして始めたこの仕事で、僕に残ったのは大量の商品だけだった。自分の直接の知り合いには、声をかけなかったことがせめてもの救いだった。

それからの僕は、また以前と同じ日々を送っていた。その中で、高校生のときから憧れていた社会人バスケのチームに、正式に所属することになった。先のことを考えれば不安ばかりだったが、それでもなんとか生きていて、夢中になれることもある。それなりに楽しく過ごしている実感があった。

社会人バスケチームのチームメイトに、キャバクラの経営者がいた。僕のバスケに取り組む姿勢をまじめだと評価してくれて、自分の店で働かないかと誘ってくれた。「勝君が望めば社員にすることもできるし、ゆくゆくは役職をつけることもできる」とも言ってくれた。

まだ二十歳そこそこだった僕は、キャバクラがなんなのかもわかっていなかったが、社員や役職につける可能性があるなら、その方がいいと思い、店で働かせてもらうことになった。なにより、将来のことまで考えてくれた上で、誘ってくれたことが嬉しかった。

キャバクラの仕事は、それまでのバイトとは明らかに異なり、最初の頃はとても緊張した。右も左もわからなかった僕に、おしぼりの綺麗な畳み方や、ソファ拭き、床の掃き掃除など、先輩方は一から親切に教えてくれた。

ドレスを身に纏った女の子たちは、みんな綺麗で、その華やかな世界に、あっという間に魅了された。

閉店後に、女の子たちを家まで送るドライバーも兼任していた。送って行く中で、自然と仲の良い女の子もできた。ある日の送りのときに、自分の母のことを話したら、「心が弱っているときは体を鍛えればいいよ」と言われた。元々体を鍛えるのは好きだったが、それ以来、落ち込んだときは、その言葉を思い出して筋トレするようになった。

キャバクラの業界では絶対にしてはいけないことだと、先輩に教わっていたが、僕は店の女の子に惚れてしまった。送りでその子の担当になることが多く、色々なことを話すうちに、僕が好きになってしまい、ある日の送りのときにネックレスをプレゼントした。そのことはすぐに店に知られてしまったが、社長の知り合いということもあり、軽い注意で済ませてもらえた。

その頃、夜の遊びも覚える。大学生のままだったら、夜の遊びは怖くて敬遠していたと思う。でも、自分が実際に働いていることと、店に来るお客さんを見ているうちに、とても楽しそうだと思い始め、友達とキャバクラデビューをしてみた。客として行くキャバクラは、想像していた通り楽しかった。

それからは、キャバクラで働いて、女の子を家まで送って、そこからまた繁華街に戻り、キャバクラに遊びに行くことが何度もあった。楽しかったこともちろんあるが、上辺だけのつき合いが楽だった。女の子と目一杯楽しんで、時間がきたら支払いをして帰る。それだけの関係がこの頃は心地よかったし、寂しさを紛らわせる手段でもあった。お金を払えば、誰かが相手をしてくれる、そばにいてくれる。そんな関係性に救われていた。

しかし、そんな日々にも徐々に虚しさを感じるようになる。バスケに打ち込んではいたが、それがなにかに繋がるわけではない。このままキャバクラで働き続けて、いずれ社員になるのか。自分のやりたいことはなんなのかと考えることが増えた。そんなとき、たまたまコンビニで立ち読みしていた雑誌で、俳優のオーディションがあることを知った。台湾にいた頃によく映画を観ていたのと、高校生時代に芸術鑑賞の授業で観た舞台が、とても印象に残っていたこともあり、興味半分で応募してみることにした。

オーディションでは演技の審査や面接を受けて、無事に合格した。そして、まずは事務所の養成所に通って、演技の勉強をするところから始まった。

養成所には一年ほど通い、基礎クラスの試験に合格して、一つ上のクラスに上がったが、知り合いに、本気で俳優を目指すなら東京に行くべきだと、アドバイスをされた。僕も週に一度、二時間だけのレッスンに、物足りなさを感じていたのと、本気で俳優を目指してみたいと思い、上京を決意する。

東京の事務所を探すにしても、知識がなく探し方もわからなかったが、とにかく厳しいところに入ってみたいと思った。やるだけやってみて、だめならまた別の道を探そうという気持ちだった。当時の僕の中で、厳しい事務所＝吉本興業だった。だから、お笑い芸人を目指すわけではなかったが、吉本の養成所に入ることに決めた。タイミングよく、すぐにオーディションがあった。

オーディション会場に入ると、大勢の人がいた。先輩らしき人が仕切っていて、何人かのグループに分けられ、別室に入る。そこには、審査員が何人か座っていて、オーディションが始まった。と言っても、なにかネタや一発ギャグをやるわけではなく、応募した理由や、学校では人気者だったのか、お笑いの経験はあるのか、などの質問に答えるだけだった。その中でも印象的だったのが、「親の許可は取っているのか？」と聞かれたことだった。ああ、そうか、これは人生においてけっこう大きなことで、そういうことには、親の意見や賛成が必要なんだと実感した。

「僕の両親はすこし前に亡くなりました」と答えると、ボケだと思われたのか、最初は信じてもらえなかった。「冗談ではありません」とさらに答えて、ようやく信じてもらえた。オーディションはこの面接だけで終わった。数日後に封筒が届き、中を見ると合格の知らせが入っていた。こうして、東京ＮＳＣ11期生として、養成所に通うことになった。

上京するにあたり、お世話になったキャバクラのバイトを辞めることになった。店で送別会を開いてくれて、社長から「本当に困った時に使え」と餞別を渡された。一年間しか働いておらず、女の子にも惚れてしまった僕に対して、社長は本当に良くしてくれた。

ＮＳＣは授業が週に五日あるため、養成所の徒歩圏内で部屋を探すことにした。まだ地元で働いていて、東京で部屋を探すことができなかったため、自宅近くの不動産屋の担当者に探してもらった。大家さんとの面談もできず、担当者が電話で一生懸命僕の事情を説明してくれた。

ただ、僕の家庭の事情を説明する際に、何度も「訳ありの子でして」と言う。実際にそうだし、一生懸命説明をしてくれているのはわかるが、繰り返し「訳ありの子でして」と言われるのは、聞くに堪えなかった。でも、担当者が頑張って説明してくれたおかげで、無事に養成所の近くにある、四畳半の部屋を借りることができた。

バイトを辞め、引っ越しの準備も済ませたあとに、母と義父が永代供養されているお寺に行った。なぜ母は義父を殺すまでいってしまったのか。なぜ義父は母と離婚することを選択しなかったのか。僕はどうして母とも、義父とも向き合えなかったのか。この場所に来ると、そんな後悔ばかりが浮かんで涙が溢れてくる。

東京に行ってしまったら、次はいつここに来られるかわからない。そもそも僕はこの場所に来てもいいのだろうか。自分の親が供養されているお寺なのに、そんなことを考えてしまう。

上京前夜。住んでいた部屋は引き払ったため、友達の家に泊めてもらった。色々な思い出が詰まったこの街を離れる寂しさと、東京での新しい生活に緊張して、まったく眠れなかった。

東京ＮＳＣでの一年間の養成所生活が始まる。厳しいところに入りたくて選んだ吉本は、想像以上に厳しかった。筋トレやダンスの練習、講師からの容赦ないダメ出し、そしてなにより、自分のネタがウケない苦しさ。約五百人いた生徒は、夏には半分になり、冬には二百人ほどにまで減った。

養成所に通っているときに、韓国から姉の方のおばさんが会いに来てくれた。このときは東京にいる知り合いにも会うということで、僕の部屋に二日泊まった。四畳半の狭い部屋で、おばさんと二人。緊張してなかなか寝付けなかった。この二日の間に、おばさんは色々な韓国料理を作ってくれた。そして、何度も早く結婚しなさいと言われた。

養成所を卒業する際に、最後のオーディションが行われる。ネタを披露して、その結果次第でルミネ組、シアターD組、月一オーディション組、のいずれかに分けられる。しかし僕は、組んでいた相方の出席率が足りないということで、オーディションを受けることすらできなかった。

一年間も通って、まさかこんな結果になるとは……。なんのための時間だったんだと思うと、言葉にならないほど落ち込んだ。

それでもどうにか前を向き、相方と一緒に、越後湯沢での営業の仕事を引き受けた。一年間、ホテルの仕事を手伝いつつ、毎晩お笑いショーをやる。住むところも、食事もあり、給料も出るという。

電車に乗って越後湯沢に向かう。これからの一年を考えると楽しみでもあったが、窓の外の景色が、途中から田んぼと山ばかりになっていくのを見て、不安にもなった。駅に着いたその足で、仕事先のホテルに行き、社長に挨拶をした。

ホテルでの仕事は、朝は、チェックアウトするお客さんの荷物を運び、見送りをすること。午後は、チェックインするお客さんの車の誘導と、荷物運び。合間に窓ふき、雑草抜きなど。

そして、夜にお笑いショーをやる。

お客さんに顔を覚えてもらうために、あだ名を書いた名札を着けた。僕は、笑うと眉毛が八の字になることから「八っちゃん」と名札に書いた。

ここでの日々はとにかく大変だった。朝から晩までホテルの仕事を手伝うのも体力的にしんどかったが、なにより辛かったのは、毎日のお笑いショーですべり続けたことだ。僕たちのコンビはNSCの中でも面白い方ではまったくなく、それを自覚した上で臨んだこの営業だったが、現実は想像以上に残酷だった。

ネタがつまらな過ぎて、お客さんの反応が一切なく、空調の音しか聞こえないこと。お客さんから「えー⁉」「これで終わり⁉」など、がっかりした声や呆れた声が聞こえること。そして、どんなにすべり続けても、次の日にはまたネタをやらなくてはならないこと。精神的にとにかく辛かった。

毎日のようにすべり続けるうちに、相方との仲も徐々に悪くなり、いつしかそれぞれがピンのネタをやるようになった。

俺はなにをしにここに来たんだろうと、毎日落ち込んでいた。仕事がきつくても、ネタがすべっても我慢できる。でも、コンビで芸をすることもなくなり、目的を失っている状況は耐えられなかった。


そんな状態で夏休みシーズンになり、ホテルには大勢の家族連れが泊まりに来ていた。僕は子供が大好きで、彼らと遊ぶことで鬱憤を忘れさせてもらっていた。

そんなある日。チェックアウトするおじいちゃんと、小学校低学年くらいの男の子の荷物を、車まで運んだ。

前の晩に、ショーを観てくれた人だったら、車まで歩く間にその話になるが、僕がその男の子に「八っちゃんだよ！　昨日のお笑いショーは観てくれた？」と聞いても、まったく反応してくれない。あ、この子はショーを観てないんだなと思い、そこからはなるべく普通に接するようにした。

ところが、二人が車に乗り込んで、見送ろうとしたそのとき、それまでじっと無言で俯いていた男の子が、助手席の窓を開け、「僕の大好きなお笑い芸人は八っちゃん。僕の大好きなお笑い芸人は八っちゃん」と言った。車が発車して、姿が見えなくなるまで、ずっと大きな声で言い続けてくれた。

このときの感情をなんと説明したらいいだろう。真っ直ぐに好意をぶつけてくれた嬉しさと、不本意なピンネタを見せてしまったという申し訳なさ。様々な思いが溢れて、僕はその場で泣き崩れてしまった。神様の存在を信じているわけではないが、こんな人生を生きてきた僕に、初めて生きてていいんだよと言ってもらえた気がした。

それからはより一層ホテルの仕事も、ネタ作りも頑張ろうと意気込んだ。

だが、ある日、相方が飛んでしまった。ある朝起きたら、彼の荷物がなくなっていて、一緒に営業に来ていた別の芸人に、ここを離れるというメールが届いた。

最後に連絡ももらえないほど、僕たちの仲は悪くなっていたのか。養成所で一番仲が良かったやつと組んだのに。二人で何度も飲み明かしたのに。こんな結果になってしまったことが、残念で仕方がなかった。営業に来たことで、大切な友達を一人失ってしまった。

しかし、ホテルでの仕事にも慣れ、ショーでも徐々にお客さんに喜んでもらえるようになっていた。そして、いよいよ最後の日のショー。普段はめったに来ない社長や、支配人も観に来てくれた。有難いことにたくさんのお客さんも観に来てくれて、大盛況のうちに終わることができた。

越後湯沢を離れる日。社長に挨拶をして、駅に向かおうとしたときに、この一年間の出来事が頭に浮かび、ああ、無事になんとか一年間頑張ったんだなあ、と一人でしみじみ感じた。

越後湯沢で一年を過ごしたが、相方が飛んでしまったこともあって、僕には東京に戻る理由がなかった。だから、同じような営業をやっていた三浦海岸のホテルに、ひとまずお世話になることにした。

しかし、相方が飛んだことが理由でお笑いを辞めようと決めた。僕たちは組んで一年も経っていないから、まだ傷は浅いものの、これが五年、十年組んだ相方に、急に飛ばれたらと考えると恐ろしかった。

東京で活動している同期や、先輩と話す機会があったときにも、いきなり相方と連絡がつかなくなったとか、ライブ当日に急に来なかった、などという話を聞いていた。それに、もし自分が辞める立場だったときも、相方に迷惑をかけることになると思った。だから、三浦海岸での営業を終えたら、元々目指していた俳優の道に戻ろうと、準備を始めた。

休みの日は、東京で演劇のワークショップに参加した。三浦海岸の営業では、仲間たちに協力してもらい、ショーの中に笑いの要素が入った人情噺の演劇を取り入れさせてもらった。そうして、自分にできる範囲で演技力を磨いた。そして三浦海岸に約半年ほどいた後、本格的に俳優の道に進むために、東京に戻ることにした。タイミングが合い、東京では、中学高校のバスケ部の友達二人と、三人で共同生活を始めることになった。

三人での共同生活は思いのほかストレスもなく楽しかった。僕ともう一人は、以前に共同生活をしていた経験があったのと、三人それぞれに個室があり、ちゃんとプライバシーが守られていたのがよかった。しかも中学からの同級生で、同じバスケ部。ちょっとしたケンカはすでに学生時代に何度もやってきた。

お互いの誕生日に、サプライズでプレゼントを渡すこともした。これがかなり楽しかった。僕はそれまで、誕生日を祝ってもらうことも、祝うこともしていなかった。だから、プレゼントを渡すことも、もらうこともなかった。なにをしたら喜んでくれるかを考えて、どんなプレゼントを渡そうかと考えることが、これほど楽しいとは知らなかった。

東京に戻ってからは、演劇のワークショップに積極的に参加した。そんなときに、まだ在籍していた吉本の仕事で、ゆずのコンサートのダンス隊を務める機会があった。ダンスはまったく得意ではなかったが、キャラクターがある人が欲しいということで、僕のことを覚えていたＮＳＣの講師が、オーディションに呼んでくれた。

指示された振付を、元気よく必死に踊った結果、合格になった。そして早速、合格したメンバーで、その日の深夜から朝にかけて、講師のスタジオで、ダンスの練習をすることになった。四〜五時間、トイレ休憩すらなく、ひたすら元気よく、満面の笑みで踊った。すこしでも疲れを見せると、講師から「前田！　もっと笑顔で踊れ！」という檄が飛んだ。

こんな過酷な練習が何日も続いたら、体が持たないと感じたが、幸いなことに、この日以降は、僕たちだけで定期的に自主練をするだけで済んだ。そして数週間後、大阪城ホールと横浜アリーナで踊る日が来た。芸人として、多くても百人ほどの舞台にしか立ったことがないのに、それがいきなり一万人以上に膨れ上がった。会場入り前から緊張していたのに、リハーサルで本物のステージに立ったときは、その大きさに完全に飲み込まれて、ますます不安になった。本番中に振付を度忘れしたらどうしよう。その考えが頭から離れない。メンバーは、半分が同じ吉本の芸人ということもあり、控室ではみんな楽しく笑い合っていたが、僕は緊張でそれどころじゃなかった。

コンサートが始まり、いよいよ僕たちの出番がやってきた。ステージ裏で待機していると、観客の盛り上がりが、よりはっきりと伝わってくる。ここに出て踊るのか。緊張のあまり体がすこし震え始めた。どうか振付を忘れませんように、と願っていた。そして、観客の前に登場すると、わーーという歓声が響いて、一万人以上の人が目の前に現れた。座っている人は一人もいなくて、その迫力に気圧されそうになるが、もうどうにでもなれ！　と思いながら必死で踊った。すると、不思議なことに、踊るのがどんどん楽しくなっていった。観客が心の底から楽しそうに、一体となって盛り上げてくれたからだ。おかげで十五分ほどのメドレーを、最後まで楽しく踊り切ることができた。

出番が終わって裏に戻ると、足が小刻みに震えていたが、それはもう緊張からではなく、夢のような体験をした、感動からくる震えだった。このコンサートに参加できたことが、吉本に入って一番よかったと思える出来事だった。

それ以降は同期や先輩の誘いで、モノマネパブや、小さいライブに何度か出たが、芝居の舞台が決まり始めたこともあり、吉本を辞めて、俳優の道に進んだ。事務所を探しつつ、とにかく演技力を磨きたかった僕は、小劇場の舞台のオーディションを受け続ける。一つ舞台に立って、終わったらまたすぐ次の舞台のオーディションに行く日々。

生活費は、最初に選んだ投資先で、運よく預金が倍になったり、リーマンショックの影響でわずか二か月で三分の一になったり、約四年の間に金額が乱高下した。

その他にも、スーツ屋、イベント会社、メロン農園、カレー屋、しゃぶしゃぶ屋、警備員、東京でもキャバクラなどのバイトをして、生活費を稼いでいた。

年に平均で五本、最高で七本の舞台に立っていた。そのため、フルタイムでバイトをしている期間は少なかったが、母の保険金のおかげで、お金で苦労することはなかった。

ある日、携帯に電話が掛かってきて、表示を見ると、国際電話だった。台湾の父だろうか？と思い出てみると、男性の声がし、拙い日本語で、韓国にいる母の親戚だと言われた。母の親戚が、どうして電話を掛けてきたのかと思っていると、お金を受け取って欲しいと言われた。「昔、お母さんに迷惑をかけたお金だから、スンギュンに受け取って欲しい」と言う。急にそんなことを言われても、どう対応したらいいのかわからなかった。母が亡くなってもう何年も経つし、生活費で困ってはいないから、と断った。ところが、「昔、お母さんに迷惑をかけたお金で、スンギュンがもらうべきお金だから、受け取って欲しい」と懇願される。母に迷惑をかけたお金だからと何度も言われ、ずっとお願いをさせるのも、申し訳ないと思い、受け取ることにした。

楽しかった三人での共同生活は二年で終わり、また一人暮らしの部屋を探すことになった。このときの部屋探しが一番厳しかった。どの大家さんに事情を話しても面談すらせずに、貸さないと言う。引っ越さなくてはならない日が近づいても、新しい部屋は見つからなかった。

共同生活を一緒にしてきた友達が、「見つかるまではうちに泊まっていいよ」と言ってくれたが、いつ部屋が決まるかもわからないのは、申し訳ないと思い断った。本気で野宿か、ネットカフェ生活が始まるのかと不安になっていた。部屋を借りたいだけなのに、何度も断られると、生きる資格を否定されたような気分になる。それでも借りないわけにはいかない。ひたすら探し続けた結果、面談をしてくれる大家さんにようやく出会えた。

それまでは、会って話せば貸してくれる人ばかりだった。だから今回も大丈夫だろうと思った。しかし、会った瞬間に、それまでの人とはちょっと違う感じがした。案の定、聞かれたことに対して正直に答えても、態度が冷たかった。中国人は、一人に貸したはずなのに、隠れて何人も家に住まわせるとか、家賃を滞納したまま国に帰る人もいると言われた。僕は韓国と台湾のハーフで中国人ではないこと。これまで家賃を滞納したこともないし、友達が保証人になってくれることなどを伝えるが、通帳を見せて欲しい、敷金を家賃半年分払ってくれたら貸してもいい、と要求してきた。

通帳を見せるのは抵抗感があったこと、そして、敷金が家賃半年分という無茶な要求は、きっと貸したくないんだろうと思い、諦める旨を大家さんに伝えて帰った。

正社員でもなく、両親もいない、しかも外国人。大家さんの気持ちを考えると、貸したくないのは理解できるが、人として自分はなんの信用もないんだと思うと、落ち込まずにはいられなかった。しかし、一時間後に管理会社から電話が入り、あのあと、管理会社の社員と大家さんで話し合った結果、僕に部屋を貸してくれることになったと告げられた。

大家さんも、色々無理な要求をしたことを申し訳なく思ったそうで、お詫びの気持ちとして、礼金をなしにして、さらに部屋の古くなったエアコンを新しいものに換えてくれた。助かった、という思いと、僕のことを信じてくれた大家さんに、感謝の気持ちでいっぱいだった。


三人での共同生活のときも、一人暮らしを始めてからも、ずっと舞台に立ち続けた。ひょんなことから俳優を目指したが、どんどん好きになっていくのがわかる。物語の中では、自分がどこの国の人であるとか、どんな悩みを抱えているかを考える必要はない。観てくれる観客も気にすることはない。役としての人生を精一杯生きて、物語を見せるだけ。

それに、仲間たちと一つの物語を作る過程が好きだった。誰かと繋がっていることが嬉しかった。そばに誰かがいてくれるのが嬉しかった。

舞台に立てば立つほど物語が好きになる。舞台に立って、生きていてよかったと思える瞬間にも、何度も出会えた。知り合いの舞台を観て、震える程の勇気をもらったこともある。物語に救われている。舞台があるから生きる希望が持てる。そう感じていた。

居場所が欲しくて、劇団に所属したい時期もあった。劇団と劇団員が、一つの家族のように感じられるのを見て、それがとても羨ましかった。僕もみんなと家族のような関係になりたい。

実際に飲み会の席で、ある劇団の座長に両親がいないことを話すと、その場で僕のことを抱きしめて、「うちの子になれ」と言ってくれた。そのときは、涙が溢れそうになった。また、知り合いに勧められた劇団の舞台を観たときに、作品から伝わってくる温かさに惹かれ、オーディションを受けて出演することが決まった。その舞台に参加してみると、やはり自分が求めていた家族のような深い絆を感じて、この劇団に入りたいと思った。

しかし、誘われたり、入りたい劇団があっても、人殺しの息子である自分のことで、万が一迷惑をかけたらどうしようと、いつも最後の一歩が踏み出せず、結局ずっとフリーのまま活動していた。


舞台を始めてから五年目の二〇一二年、母のことを題材にした舞台を、自分でプロデュースすることにした。ここまで生きて思ったのは、どんなに母のことを憎んでいても、母がいなければ僕は生まれていない。生まれていなかったら、たくさんの仲間にも巡り会えなかった。だから、産んでくれたことに対しては「ありがとう」と言いたい。そういう思いを表現したかった。

もう一つ、友達や知り合いと話をしていて、親の話題になると、いつも適当に嘘をついてごまかしていた。だが、そんなことに耐えられなくなった。相手は真剣に僕のことを応援してくれているのに、僕は嘘をつき続けている。

母のことを知られるのが怖かった。知られてしまったら、みんな僕から離れてしまうんじゃないか。

でも、これ以上嘘をつきたくなかった。もっと心からみんなと関わりたいと思った。大切な人たちだからこそ知って欲しかった。

だから、母との話を舞台でやりたいと思った。一度僕のすべてを知ってもらい、その上で、付き合いを続けてくれるなら嬉しいし、離れてしまうなら、それはそれでいいと思った。友達、知り合いを全員なくしてもいいから、自分にはこういう過去があったんだと、知って欲しかった。そして、できれば、それからも友達でいてくれたらいいなと願った。

それまで出演した舞台で知り合った、信頼できる人たちと一緒にやりたかったが、オファーする段階でかなり不安だった。人殺しの息子だと知ったときに、みんなはどんな反応をするのだろう。

そんな僕の不安をよそに、みんな快く出演のオファーを受けてくれた。母とのことを変に詮索されることもなかった。僕のことをちゃんと一人の人間として見てくれている。それがどれだけ嬉しかったか。

出演者が揃い、稽古を重ね、舞台の初日が近づいてきたある日、母の夢を見た。夢の中で母が死のうとしていて、それを僕が止めに行く。苦労してやっと母のところにたどり着くが、寸前で死なれてしまう。すると、夢がループして、また母が死のうとする場面に戻る。それを僕が止めに行き、また寸前で死なれてしまう。夢の中で何度も母に死なれ、僕は助けることができない。

朝目が覚めて、なんとも言えない気持ちになった。夢の中の母は、僕になにを伝えたかったのだろうか。今回の舞台を、良く思っていないから、何度も僕の目の前で死んだのだろうか。たかが夢なのに、母の思いを考えずにはいられなかった。

いよいよ迎えた舞台初日。終わったときに自分がなにを思うのか。観てくれた人はどう思うのか。楽しみなんて一つもなく、不安と恐怖しかない。でも、自分にとってこれはやらなければいけないことだった。そして、事情を知った上で、支えてくれる出演者とスタッフがいる。どんなことになろうとも、僕にはこの仲間たちがいる。この人たちとなら立ち向かえる。いざ、本番。

終わってみれば、舞台の評判はとてもよかった。上演後、「本当ならひた隠しにしたい出来事に、向き合っていることが伝わった」といった言葉をかけてもらえた。母があのときどんなことを思っていたのだろう、どうしてあのような決断になったのだろう、とお客さん同士が議論をしてくれたことも嬉しかった。ただの人殺しではなく、どうしてああなったのかを考えてくれた。やってよかったと心から思えた。母に「ありがとう」の一言を伝えられてよかった。そして、今まで応援してくれていた人たちと、ようやく心から繋がれた。

第五章　なぜ母は義父を殺したのか？
――日本・韓国・台湾　29歳～34歳

　母の舞台を終えてからは、またバイトをして、舞台に立ち続ける日々に戻った。それから数年が経ち、二〇一七年に、また母のことを舞台にしようと決めた。このときは、一番近くにいながら、母の決断を止められなかったことに対しての謝罪をしたかった。

母のことが憎い、その思いは変わらない。でも、母に寄り添わず、救いの手を差し伸べることなく、最後まで見て見ぬふりをした自分に対しても、ずっと後悔の念を抱いてきた。もう直接謝ることはできないが、せめて舞台の上で母に謝罪をしたい。そう思い、もう一度出演者にオファーをした。

　再び稽古を重ね、劇場入りをして、舞台セットの仕込みをしていた。休憩時間に休んでいると、劇場の外で出演者の一人が、見知らぬ男性と話し込んでいた。最初は知り合いかと思っていたが、どうもそんな様子ではなく、不審に思い何事かと確認してみることにした。

　すると、その男性はあるテレビ番組のために、街ゆく人に「お母さん」についてのエピソードを聞いているのだという。たまたま僕の舞台でも、母を題材にした作品を上演すると知り、その出演者に話を聞いていたのだ。

事情を知った僕は、その男性に母と僕のことを話した。でも、母のことは内容が内容だったため、その男性が探しているような、「お母さん」ではないだろうと思っていた。男性はすこし考えて、「また来ます」と言い、その日はそれで終わった。僕たちは、それからまた舞台初日に向けて準備をした。

迎えた初日。このときは、僕の生い立ちから母の事件と葬式までを作品にした。そのため、僕の韓国、台湾、日本での生活、母と台湾の父との出会い、母と日本の義父との出会いなど、場面転換が多い慌ただしい舞台となった。それで、本番初日は、役者も舞台スタッフもかなり右往左往していた。

だから、母のことがどう思われているかよりも、お客さんにちゃんと伝わっているだろうかと、演じながら不安に思っていた。予算不足で、劇場で稽古する時間を十分に設けられなかったことを後悔した。だから、カーテンコールのときに、まだ出演者が全員揃ってもいない段階で、盛大な拍手をもらったときは、僕の母への思いと、この座組のみんなの思いが伝わったんだと感じられて、お辞儀をする前に感極まってしまった。

終演後に、ある知り合いが僕に言ってくれた、「これは君にしかできない親孝行」という言葉が、心に深く刺さった。もちろん、その人は僕の知り合いで、応援してくれているから、そういう言葉をかけてくれたんだと言われれば、それまでだけれど。一人でも母や僕の思いを汲んでくれる人がいるのなら、それだけで舞台をやってよかったと思う。

公演中のある日。昼公演と、夜公演の間の休憩時間に、先日の男性が一人の女性を連れて訪ねて来た。その女性はドキュメンタリー番組を制作していて、僕の母のことに興味を持ち、もう一度話を聞かせて欲しい、とのことだった。そこで改めて母とのことを話し、舞台も観てもらった。

舞台を終えてしばらくしてから、その女性と改めて色々な話をした。そこで「ドキュメンタリーの番組にしませんか？」と言われた。舞台で二度、母のことを上演したとは言え、それはあくまでも限られた範囲だ。お客さんも、僕の知り合いか、知り合いの知り合いくらいだ。それが、どんな番組になるにせよ、舞台とは違ってたくさんの人が見る。人殺しの母のことと、その息子である僕のことが、世間に知られるのは果たしていいことなのだろうか。

そもそも、義父の親族には、舞台のことも知らせていない。もし、番組を見たら、どう思うだろうか。ただでさえ母のしたことは許しがたいことなのに。

悩んだ。悩んだが、もしかしたら、母のことを知ることができるかもしれないと思った。あのとき、なぜ義父を殺してしまったのか。なぜ僕を置いて死んでいったのか。その裏にはどんな思いがあったのか。二度舞台で上演したときは、母の人生のほとんどの部分を想像で埋めることしかできなかった。

日本に来たばかりの頃に、「嗚呼！バラ色の珍生‼」という番組を何度も見たことが頭をよぎった。何年も会っていない人や、生き別れになった人を、わずかな情報から捜し出していた。テレビの力なら、自分だけでは踏み込めなかった場所に、たどり着けるかもしれない。

そう覚悟を決め、取材を受けることにした。その女性からは、「取材をする中で、前田さんが知りたくなかった事実まで明らかになるかもしれません。それでも大丈夫ですか？」と言われたが、それらもすべて受け止めたいと決めた。

このときはまだ、どの番組で放送されるか決まっていなかったが、後日フジテレビ系の「ザ・ノンフィクション」になったことを伝えられた。

密着取材が始まり、僕が住んでいる部屋にもカメラが入った。事件当時のことや、母との思い出の品について聞かれた。母の物はほとんど捨てていたが、形見として持っていた携帯電話と、財布に入っていたお守りを見せた。

母の携帯電話から、なにか手がかりが見つかるかもしれなかったが、充電器もなく、十五年以上電源を入れていなかったため、起動することができなかった。取材スタッフが、知り合いに頼んだら直せるかもしれないということで、携帯電話を預けた。

韓国と、台湾にも取材に行く可能性があるため、パスポートの更新をしに台湾の出先機関に行った。もう何年も台湾語を話しておらず、間違いがあったらいけないと思い、日本語で更新のやりとりをした。すると、受付の男性が僕のパスポートを見るなり、兵役に行っていないことに気付き、隣にいた受付の男性と、「男のくせに兵役にも行かないで、愛国心がないのか」「三十六歳の除役年齢まで日本にいて、兵役から逃れるつもりなんだろ」と台湾語で嫌味を言っていた。僕が台湾語をわからないと思っているのだろう。

僕だって兵役に行ってないことに罪悪感はあるが、行かない選択肢もあるし、人の家の事情も知らずに、どうしてそんな嫌味を言えるのかと思った。同じ国の人からの心ない言葉に、思いのほかショックを受けた。


年が明けてしばらく経つと、電源が入るようになって携帯電話が戻ってきた。実は母の死後、一度だけ電源を入れたことがあった。最後にどんなメールがあったのか、恐る恐る見たが、事件に関することを含めて、とくに気になるようなメールはなかった。

それ以来約十六年ぶりに電源を入れる。電源ボタンを長押しすると、懐かしいマークが浮かび上がってきた。これから母のことを知ることができるかもしれない、そう思っただけで急に緊張感が湧いてきた。

ただ、時間が経ちすぎたのか、メールは一通も残っていなかった。次に電話帳を開いてみる。登録件数は、仕事関係を入れても二十件ほどしかなかった。やはり、あの気性の荒い母には、友達と呼べる人はあまりいなかったのだろう。それでも、この中の誰かと話をできたら、母のことがわかるかもしれない。

試しに自分の携帯で、ある女性の番号に掛けてみる。すると、すぐに発信音が鳴った。まだ使われている。そのことに驚いたが、番号が使われていたとしても、それは別の誰かだろうと思った。コール音を聞きながら待つが、誰も出ない。一度切って、他の番号に掛けてみようかと考えていると、先ほどの番号から着信がきた。慌てて電話に出ると、女性の声がした。

どう説明するか事前に考えておらず、慌てながら、電話帳に登録されている名前の方かどうかを尋ねた。警戒されながらも「そうです」との答えだった。僕は、約十六年前に亡くなった母の息子であることを説明した。

すぐには信じてもらえなかったが、何度か確認するようなやりとりのあとに、ようやく母の息子であることを信じてもらえた。色々話をする中で、この女性は、母が生前とても仲が良かった方だということがわかった。そこで、母のことについて話を聞かせてもらいたいと頼むと、快く引き受けてくれた。電話ではなく、直接会って聞きたかった。女性のスケジュールの確認をして、電話を切った。

当時の番号のまま、電話が使われていただけでも驚いたのに、その女性が母と仲が良かった人だなんて。これで母のことを知ることができる。自分でも興奮しているのがわかる。

もう一名、別の誰かに電話できないかと思い、電話帳を見ると、名前の横にハートマークがついた男性の名前を見つけた。まさか母も浮気をしていたのか、と複雑な気持ちになりながら、恐る恐る電話を掛けてみる。するとこちらの携帯もまだ使われており、男性が電話に出てくれた。先程と同様に、僕が母の息子であることを伝えた。このときも、何度か確認のやりとりのあとに信じてもらうことができ、母のかつての知り合いに、連絡を取っている事情を話した。

「電話帳のあなたの名前にだけ、ハートマークが入っていますが、母とは男女の関係でしたか？」と思い切って聞いてみた。

男性は少し笑いながら、「そういう関係ではなく、母に良くしてもらっていた」と、説明をしてくれた。すこし煮え切らない答えだと感じたが、電話でこれ以上聞くのも失礼だと思い、近々、会って話を聞かせてもらえないかと尋ねると、こちらも快く引き受けてくれた。

さらに別の番号にも電話しようかと思ったが、二人と話をしただけで、緊張感でどっと疲れた。今回は、ひとまずこの二人に会うことになった。


約束の日の朝、取材スタッフと待ち合わせをして、新幹線でかつて住んでいた街に向かう。どんな話を聞けるのか。窓の外を流れる景色を見ながら、これから母の未知の部分を知る期待と不安を感じていた。直接会って話をしてくれる人たちは、果たして僕のことをどのように迎えてくれるのだろう。

現地に着き、最初に連絡が取れた女性に電話をして、到着したことと、これから向かう旨を伝える。そしてここで初めて、今回の取材は、テレビ番組の企画であることを伝えた。取材であることを事前に知らせるのを、スタッフに止められていたのだ。急にテレビの企画だと聞いて、どんな反応をされるのか心配だったが、意外とあっさり受け入れてくれた。

電話で詳しい道順を教えてもらい、待ち合わせ場所に着くと、母と義父と何度も行った中華屋のすぐそばだった。そのことにすこし驚きつつ、電話の女性と対面する。女性は僕のことを覚えてくれていたが、残念ながら僕は思い出すことができなかった。取材スタッフも同席して、早速母について話を聞かせてもらうことになった。

女性はまず、母が生前に、スナックで飲んでいるときに撮った写真を見せてくれた。僕が訪ねて来るということで、捜しておいてくれたのだ。何人かと楽しそうに写っている母。友達はほとんどいないと思っていたが、写真の中の母は、たくさんの人に囲まれて、とても楽しそうに笑っていた。

母にもちゃんと友達がいて、周りからも好かれていた、と教えてもらった。今でも母の命日には何人かで集まって、その頃の思い出を語ったりもしているという。その事実は意外だったが、すこし安心した。見せてもらった写真の中に一枚だけ、母が恥ずかしそうに、手で顔を隠している写真があった。その仕草が妙に母らしく、何度も見てしまう。そして、事件当日に、合宿先にいる僕に電話をしてきたのは、この女性だったことを教えてもらった。

母の電話帳の中で、一人だけハートマークがついている男性のことも聞いてみた。その女性は大笑いしながら、「飲みの席でふざけてそうしただけ、あの二人がそんな関係になるはずがない」と否定していた。その言葉にかなり安心した。母まで浮気をしていたら、気持ちの整理がつかなくなるところだった。

母は高校の卒業式に僕と二人で撮った写真を、嬉しそうに周りの人たちに見せていたそうだ。息子の僕を大学まで入れることができたから、なんとか卒業させたいとも言っていた。

母は自分が韓国人であることを誇りに思っていた。日本にいる韓国人が、萎縮しているところを見かけると、母は「もっと自分の国に誇りを持って堂々としなさい」と言ったこともあったという。

驚いたのは、義父の最後の愛人を紹介したのが、母自身だったことだ。義父は愛人とまではいかなくても、色々な女性と遊んでいた。母は義父がいい男であることを認めていたし、男が多少遊ぶのは問題ないと思っていた。しかし、その数が多すぎたことで、当時スナックのママをやっていたその女性を紹介したのだという。「飲みたくなったらこの店で飲みなさいよ」と。

母の中では、そのママなら大丈夫だろうという思いがあったそうだ。母はその女性を、それほど美人ではないと思っていた。しかし、その思惑は外れ、義父はその女性にはまってしまった。母にすれば、美人でもない女を選んで、自分を捨てようとしていることが許せなかった。自分よりも美人だったらまだ納得できるのに、と言っていたそうだ。

最後のその愛人は、母とは真逆の静かな人で、店に来る男性たちにモテていた。しかも、その女性にも旦那さんがいたのだという。母はその男性の自宅まで行って、「お前の奥さんをどうにかしろ！」と迫ったが、「俺にもどうすることもできない」と言い返されたらしい。

義父の浮気に耐えられなくなった母は、義父の会社のトラック置き場で、重機を運転して色々な物を壊して、警察沙汰になったことまであったそうだ。

その愛人が経営しているスナックでも、母は義父と愛人と三人でケンカになり、警察沙汰になった。

物静かな義父とは対照的に、母は思ったことを誰に対してもはっきり言う人だった。だから、夫婦の事情をよく知らない人には、母が悪者に映っていたこともあったそうだ。

当時、母は周りの人たちにも、義父を殺して自分も死ぬと言っていた。周りからは、そんなこと冗談でも言うもんじゃないと諌められても、「私は本気だから、死ぬ場所も決めてある」と言っていた。毎日のように飲みに出かけていたが、事件当日の一週間ほど前からは、ぱたりと姿を見せなくなった。周りから説得されて、決心が揺らぐのが怖かったから一人でいたのではないだろうか。

母は義父を殺したあと、仲の良かったこの女性にメールで、義父を殺したこと、自分もこれから死ぬことを伝えた。そして、合宿所にいる僕に連絡して欲しい、と伝えた。そのあと、飛び降り現場の近くにある、馴染みの中華屋の駐車場に車を停めて、再びこの女性に連絡した。この女性は何度も母に電話をしたが、一度も出なかったという。それで慌てて合宿所にいる僕に連絡をしてくれたのだ。

母の遺体は綺麗だった。警察の人たちも、飛び降り自殺であんなに綺麗だったのは、初めて見たと言っていた。

母は体が小さく、義父は大柄で逞しかった。そのため警察は当初、母に共犯者がいると考えて捜査をしていた。

母が飛び降りた十一階建てのマンションは、以前、母と仲が良かった別の女性が、夫の浮気に悩んだ揚げ句、飛び降り自殺した場所でもあった。だからそのマンションを選んだんじゃないかとも言っていた。

この女性から母について聞いたことは、どれも初めて知ることばかりだった。まさか、最後の愛人を義父に紹介したのが、母自身だったなんて……。事件が起こった当時よりは、大人になった僕だったが、それでもこれらの事実をどう受け入れたらいいのかわからなかった。ひとまず、女性にお礼を伝え、その場をあとにした。

すぐには気持ちの整理ができなかったが、母が飛び降りた現場を、どうしても見たくなり、そのマンションに向かった。事件当時、警察からは詳しい場所を教えてもらえず、僕自身も、余裕もないまま時間が過ぎていった。だから今回、初めてそのマンションに行った。

当時の新聞記事を頼りに捜し当てたそのマンションは、何度も通ったことがある場所にあった。事件のあとも、僕はなにも知らずに、近くの飲食店にも何度か行っていた。

母が車を停めた駐車場から、現場まで実際に歩いてみた。思いのほか距離がある。途中に大きな交差点が一つ。エレベーターで十一階まで上ってみた。エレベーターの中は、僕と取材スタッフ二人の、計三人だけでも窮屈に感じるほどの狭さだった。

駐車場からこのマンションまで歩いた母は、その道すがらなにを思っていたのか。途中の信号に捕まっていたとしたら、焦っていたのだろうか。この狭いエレベーターで、十一階まで向かう母の心情は、どんなものだったのだろうか。途中の階で止まって、誰かが入ってきていたらどうだったのか。どこかで引き返すことはできなかったのだろうか。

母が飛び降りた場所は、最上階の十一階から、さらに屋上に出なければいけない。扉には鍵が掛けられていて、屋上には出られないようになっている。母がここで飛び降りたから、鍵を掛けるようになったのか？　もしも、母が来たその日、鍵が掛けられていたら、どうしただろうか。飛び降りる直前に、母が最後に思ったのは何だったのか？　地面にぶつかる寸前に、思い浮かべたのは誰だったのか？　韓国のおばさんや親戚たち、台湾の父、日本の義父、それとも、僕だったのだろうか。

かなり疲れてきたが、すこし休んでから、もう一人の男性と会うため、待ち合わせの喫茶店に向かった。どんな人が来るのだろうかと、緊張しながら待っていると、年配の男性が入ってきた。僕を見るなり、母のことを思い出したのか、涙目になった。僕はこの男性と会ったことはなかったが、母に似ているところがあるのか、とても懐かしそうに僕を見つめる。

取材スタッフの同席は断られたため、一対一で話を聞くことになった。母とは、スナックの常連たちと一緒に、同席する程度の仲だったそうだ。気になっていた電話帳のハートマークのことを改めて聞いてみると、男性は照れ臭そうに笑いながら、母や周りの人に、ふざけて入れられただけだと教えてくれた。最初に会った女性と同じ答えを聞き、ほっとした。

そして、母とは時々同席する程度の間柄で、話せることは、ほとんどないとのことだった。代わりに、当時の義父の会社の従業員で、今でも会っている人がいるということで、その人に電話を掛けてくれた。電話はすぐに繋がり、僕に代わってくれた。母の息子であることを説明して、これまでなにをしていたのかなど、はじめは世間話をしていた。しかし、直接会って、話を聞くことはできないかと尋ねると、当時のことを思い出したのか、徐々に機嫌が悪くなり、怒りがどんどん大きくなっていく。

「今さらこんなことして、映画にでもして金儲けをするのか」「お前の母さんがやったことで、こっちは仕事がなくなって大変だったんだぞ。それを今さら取材って、なにが知りたいんだよ」「社長が死んだことで会社はなくなって、俺たちはみんな路頭に迷ったんだぞ。社員寮に住んでいたやつらはもっと立ち行かなくなった。全部お前の母さんのせいだ」。そう矢継ぎ早に罵られた。

僕が母のしたことについて謝りながら、なんとか母のことを知りたいと伝えると、「教えてやるよ、お前の母さんはな、自分で紹介した女に旦那を取られたんだよ。自分で墓穴を掘ったんだよ」と言われた。僕はただ謝ることしかできない。「すみません、すみません、母がご迷惑をおかけしてすみませんでした……」と何度謝っても罵声は止まらなかった。

目の前に座った男性は、ただじっと僕を見ている。電話はスピーカーになっていて、やりとりを聞いていたが、電話の相手を止めようとはしない。またあの視線だ。邪魔者を見るような目。何年経とうが、僕はこの視線から逃れることはできないのか。その視線を浴びながら、僕はひたすら謝り続けた。電話の相手は、一方的に言いたいことを言ったあとに、電話を切った。ショックでうなだれている僕に、言葉をかけることもなく、男性はそっと帰って行った。

母が絶対にやってはいけないことをしたのはわかる。迷惑をかけられた人たちが、その怒りや、恨みを僕にぶつけることもわかる。でも、僕にはずっと疑問があった。確かに母が義父を殺したのだから、僕は加害者の息子だ。しかし、それと同時に、義父の養子でもあった僕は、被害者の息子でもあるはずだ。被害者の遺族でもあるのに、周りはそれについてはなにも思わないのだろうか。僕だって義父が殺されて悲しいのに。みんな、ただ母への怒りを僕にぶつける。そして僕は謝ることしかできない。それが悔しかった。

母に対するすべての恨み言を、僕一人が受けなくてはいけない。母に対しての怒りがどんどん増してきた。母が憎い。一人だけで死ねばよかったのに。そうすれば、周りに迷惑をかけることも、僕がこんな思いをすることもなかったのに。そう心の底から思った。

取材を終えて、その日のうちに東京に戻る予定だった。しかし、喫茶店での出来事で、精神的にまいってしまった僕は、取材スタッフと別れたあと、地元に住む友達に会ってもらった。それから最終新幹線ぎりぎりの時間まで、一緒に飲んでもらった。そのままでは東京に戻ることができなかった。一緒に飲んでもらえたことで、すこしだけ心が落ち着いた。

それから数日後、また地元に向かった。

前回の取材の際、何度か馴染みの中華屋の前を通った。その店には、義父と親しかった男性がいるはずで、その人にも話を聞かせて欲しかったのだ。前回、何度か店の前を通るうちに、その男性に会うことができた。義父について話を聞かせて欲しいと頼むと、その男性は、最初は状況がつかめず、混乱していたが、事情を説明すると、後日、話を聞かせてもらえることになった。

約束の場所で、その中華屋の男性と会うことができた。この男性にも、取材スタッフの同席を断られたため、僕だけで話を聞くことになった。前回の喫茶店での出来事があったことと、この男性は怖い印象もあり、一人で会うのは気後れした。

それでも義父のことを知りたい気持ちが勝ち、緊張しながらも、一人で話を聞かせてもらうことになった。あれから約十六年経ったからなのか、話をしてみると、当時よりは随分と人当たりがやわらかくなった様子で、内心すこしほっとした。義父とだけ親しかったと思っていたが、母とも親しかったそうだ。あんなに豪快な女は、母以外に見たことがないと言っていた。この男性に、母と義父の二人の仲が、周りの人たちにはどう見えていたのかを聞いてみた。

母と義父の仲はとてもよかった。二人が仲良く飲み屋で飲んでいるところを、何度も見かけた。母は本当に義父のことを愛していたし、義父も母がいないところで、あいつがいたから自分の会社はここまで大きくなったんだ、と感謝していたそうだ。

義父が独立したての頃、会社を支えるのに、母は韓国の実家からお金を送ってもらっていた。母が韓国で持っていた飲食店も、すべて畳んで、そのお金も義父に渡していた。

母が金を騙し取られたのは、僕の日本国籍を取得するためだった。僕は台湾国籍で、台湾の男性には兵役の義務がある。日本政府は僕の国籍取得を認めていたが、まだ兵役を終えていないという理由で、台湾政府が許可しなかった。

そんなとき、母は、韓国にいるある人が便宜をはかってくれると聞き、その人にお金を渡した。しかし、現金を送った途端に、その人と連絡が取れなくなった。その頃、会社の運転資金として、義父にお金を要求されていた母は、騙されたと言えず、それで義父と何度も揉めていたのだ。その上、義父は浮気で家に戻ってこない。当時の母は八方塞がりの状態だったそうだ。

　事件当日、母と義父が二人きりで会うことになったのは、仕事上の理由だった。会社の書類の管理を母がやっていたからだ。にもかかわらず、義父は、約束の時間になっても母が待つ家に現れず、愛人と中華屋の男性と三人で飲んでいた。義父を捜しに出かけた母は、義父が愛人と飲んでいるのを見つけて激怒し、家に戻り電話で義父を呼び出す。そしてあの事件が起きた。まさかあんなことが起きるとは思わなかった、とその男性は言っていた。

　ここまでがその男性から教えてもらったことだ。やはり僕は、母についてなにも知らなかった。お金を騙し取られたのは、僕の国籍のためだったなんて。そして、周りから見ても仲睦まじい頃があったのに、なんであんなことになったのだろうか。

　母の知人たちから話を聞いた上で、僕が思うのは、母はやっぱり義父のことを、最後まで愛していたということ。プライドを傷つけられたから殺したという意見も、もちろんわかる。でもそれはずっと義父のことを支えてきたという、自負もあったのだろう。

　このときの取材を通じて、初めて自分の中で迷いが生じた。自分は母のことを知りたい。そのために、どんなことでも受け入れる覚悟を決めた。でも、当時の関係者の人たちは、テレビ番組という形に不快感を抱き、放送に反対していた。テレビの力を頼らずに調べることもできるかもしれないが、一人でどこまでできるのか。そして、一人では踏み出すことができないから、ここまで長い年月放置していたんじゃないのか。でも自分の知りたいという欲求だけで、周りに迷惑をかけていいのか。今ここで番組を降りると言ったら、それはそれでスタッフの方々に迷惑をかけることになる。どうしたらいいのだろう。

そんな迷いを取材スタッフに告げ、話し合うことになった。番組サイドとしても、無理強いすることはできないというスタンスながら、韓国取材がもう目前に迫っていた。とりあえず韓国に行って、その帰りにまた改めて話すことになった。韓国の、姉の方のおばさんには、すこし前に連絡していて、母について話を聞かせて欲しいと伝えてある。今回はテレビ番組の取材であることも伝えた。テレビと伝えた瞬間は、やはりよい反応ではなかった。それでも番組の力によって、今回韓国に行く決心がついたことを伝えると、モザイクをかけてくれるならいいと了承を得た。

韓国に向かう飛行機の中でも、自分が中途半端な気持ちでいるのがわかる。あんなに覚悟を決めたはずなのに、揺らいでいる。こんな気持ちのままで、聞きたいことが聞けるのか。取材スタッフに対しても申し訳なかった。そんな、曖昧な気持ちのまま韓国に到着した。

七歳のときに離れてから、約二十七年ぶりに訪れた、生まれ故郷の韓国。年月が経ちすぎて、なんの記憶も懐かしさもなく、初めて来た国のように感じた。空港からおばさんとの待ち合わせ場所まで、バスで向かう。バスの中でなんとか気持ちを切り替えて、母について考える。おばさんからどんな話を聞けるのだろうか。考えすぎだとは思うが、もしも、母が僕の本当の母ではないと言われたらどうしようか、とも考える。

ここまできたらなにがあっても驚かない。そんなことをぼんやり考えていると、目的地に着いた。空港からバスで約二時間。都心からどんどん離れ、山しかない道をひたすら走り、ようやく辿り着いた、すこしだけ栄えている街だった。席を立つと、バスの入口の方から、「スンギュン！」と呼ぶ声が聞こえた。待ちきれなかったのか、おばさんがバスの中まで入ってきたのだ。


「スンギュン」。母がいない今、この名前で呼んでくれるのは、もうおばさんしかいない。その響きにすこし照れていると、おばさんが抱きしめてくれた。さらに照れてしまう。おばさんは晩ご飯を食べに行こうと、自分の車に連れていってくれた。車まで歩く間、おばさんが手を繋いできた。幼い頃、久しぶりに会ったときに、母がいつもそうしてくれていたのを思い出した。

車にはおばさんの旦那さんもいて、食事の店には別の親戚の人たちもいた。おばさんが僕に会わせようと呼んでくれたのだ。食事を終えてからも、おばさんはさらに別の親戚にも会わせてくれた。おばさんにだけ会うつもりで来たのに、思いがけずたくさんの親戚に会うことになって、急な展開にずっと驚いていた。

僕は韓国語をまったく話せなくなっていたが、若い頃日本で働いていたことがあるおばさんは、日本語ができた。そのおかげで、おばさんを介して、みんなと会話をすることができた。みんな、それぞれに僕のことを懐かしそうに見ていて、ここは母に似ているとか、ここは台湾の父に似ているなどと、口々に言っていた。夜も遅かったため、この日はすぐにみんなと別れて、ホテルに泊まった。約二十七年も帰って来ていないのに、みんな好意的に迎えてくれたことが嬉しかった。

次の日は、朝早くにおばさんがホテルに迎えに来てくれた。この日は番組の通訳スタッフも合流して、おばさんの家に向かった。おばさんは、前日とはまた別の親戚たちを集めてくれていた。前日の夜から、一体何人の親戚に会ったのだろう。

全部母の兄妹や親戚たちだ。韓国語を忘れてしまった僕は、おばさんと通訳スタッフが訳してくれるみんなの会話を聞くだけだった。親戚の男性の一人に、「あまりにも久しぶりに会うから全然知らない人みたいだ」「お前はもう日本人になっているから、もう親戚とは思えない」「離散家族の再会みたいだ」「約三十年も会っていないと、他人と一緒だ」と言われたときと、「なんでもっと早く韓国に会いに来てくれなかったんだ?」とすこし怒られたときは、返す言葉がなかった。しかし、おばさんが「あんたも日本にスンギュンに会いに行かなかったくせに、なにを言うんだ!」と、僕をかばってくれた。

僕がその男性の言葉になにも返せずにいると、その人はさらに、「スンギュンがしっかり生きていて、会いに来てくれたことが嬉しい」「韓国は母親の国なんだから、挨拶ぐらいできるように言葉を勉強してきなさい」「夜に家族みんなで韓国式のご飯を食べよう」と、優しく言ってくれた。刺々《とげとげ》しく責められたかと思えば、優しい言葉をかけてくれる。その感じが妙に家族らしかった。どんなに長く会っていなくても、ちゃんと家族として受け入れてくれている。

これが僕の家族。そして、夕食までの間に、おばさんに、母と僕が昔住んでいた場所に連れていってもらった。

古い一軒家と、田んぼの間の小道をしばらく走ると、壁で囲まれたひと際大きな一軒家が現れた。そこが幼い頃に母と住んでいた家らしい。今は違う人が住んでいて、リフォームもされて外観は真新しかったが、かすかに記憶が残っている。家のそばに桜の木が一本立っていて、とても綺麗な花が咲いていたのが印象的だった。

その家をもっとよく見たくて、周りを歩いていると、偶然、母の子供の頃の友達に会うことができた。その女性は母とはもう随分連絡を取っておらず、「お母さんは元気？」と尋ねてきた。言葉を濁すこともできたが、友達の死を知らないのも悲しいことだと思い、母が亡くなったことを伝えた。するとその女性は、とても悲しんで、良い人だったと言ってくれた。

おばさんは、その家から歩いてすぐのところにある海にも、連れていってくれた。夏になると海水浴客で溢れ、母も僕が赤ちゃんの頃、よく抱っこしながら散歩していたらしい。広くてとても綺麗な海。眩しい日差しの中、砂浜を歩いてみると、この海で遊んだ記憶がかすかによみがえってきた。ガラスの破片を拾って母に見せたら、「これは危ないから拾っちゃだめ」と怒られたことも思い出した。

おばさんが、「お母さんは海があんなに綺麗なのに、海なんてまるで見ないで、スンギュンの方ばかり見て、幸せそうに宝物、宝物、私の可愛い宝物と言っていた」と教えてくれた。おばさんはさらに、「スンギュンは幼い頃、いつもお母さんの後ろをオンマ、オンマって言いながらずっとくっついて回っていたよ」とも言っていた。僕にはそのどちらの記憶もない。

夜になると、親戚みんなで集まってご飯を食べた。子供の頃、僕を預かってくれていた、母の妹の方のおばさんにも会うことができた。そのおばさんは、僕に会うなりすぐに泣き出し、「昔、あなたが韓国にいたとき、ちゃんと面倒を見てあげられなくてごめんね」と謝ってきた。

その涙を見て、僕もつられて涙が溢れてきた。こっちこそこんな形で帰って来ることになって、申し訳ないと思った。「一人で寂しい思いをしないで、辛いときは帰ってらっしゃい」とも言ってもらえて、昔の嫌な記憶もすべて許せた。

その日の朝、すこし怒っていた男性は、「お前も韓国人の血が入っているんだから、次に韓国に来るまでにすこしでも、なにか韓国語を覚えてきなさい。一緒に会話ができないと寂しいだろ？　次に会うときは韓国語で会話をしよう」と言ってくれた。朝はすこし怖かったが、ちゃんと僕と会話をしたいんだと思うと、嬉しくなった。もう家族と食卓を囲むことは、きっとないのだろうと考えていたから、やはり愛しいと思えた。食事を食べ終え、二日目の夜は、おばさんの家に泊まることにした。そこで母についてたくさんのことを聞く。

母は三人姉妹だと思っていたが、実際にはその上に三人の兄がいて、全部で六人兄妹だった。母の昔の写真を見せてもらう。母が幼い僕を抱っこしている写真。母の表情からは優しい愛を感じる。どの写真も、母はとても愛おしそうに僕のことを抱きしめていた。母と台湾の父の結婚式の写真もあった。父がとくに緊張しているように見える。花嫁姿で準備をしている母の写真もあって、とても綺麗だと思った。

母は、韓国の中華料理屋で働いていたとき、同僚として父と出会った。学校の先生をやるほど頭のよかった父が、母のことを好きになり、嫌がっていた母を、親戚たちが説きふせて無理矢理結婚させた。当時は本人が嫌でも周りの言うことに従うしかなかった。母はずっと父と一緒にいるのが嫌だったが、僕が生まれたことはとても喜んでいた。

「お母さんがもし生きていたら、スンギュンがとても誇らしかったはず。スンギュンのこと以外は考えていない人だった」「服もブランド品には興味がなく、とても質素だった。寝るときに見たら下着もボロボロで、とても倹約家だった」「本当につましい人だった」。服はほとんどおばさんからもらっていたという。おばさんたちから聞かされる話は、どれも初めて聞くことばかりだった。

母はケチ。でもそれはお金を貯めるため。自分の身だしなみにお金を使うくらいなら、そのお金を息子のために貯める。そんな人だったと言っていた。

母はとても情熱的で、男っぽい性格だけど最高だった。いつも息子である僕のことばかり考えている人だった。

父は、韓国から奨学金をもらって、大学に行かせてもらうほど頭が良かった。韓国で先生をしていたが、給料が低いため料理人になった。

母は父のやきもちが嫌になり、それをきっかけに、僕が三歳のときに父の元を離れた。

母は韓国が好きで離れたくなかったが、それでもお金を稼いで、僕にいい生活をさせるため日本に渡った。今回、案内してくれた、母の姉にあたるおばさんが、当時日本人と結婚していて、そのつてで日本で働くことにした。

母と日本の義父との出会いと、結婚については、親戚たちも知らなかった。それでも母にとって、日本の義父が、初めて恋した人であることは、みんなにもわかっていた。

出会ったばかりの頃、義父には借金があった。前妻との離婚で裁判に負け、さらに子供たちの養育費もあった。お金に困っていた義父に、母は韓国で経営していた飲食店を売ったお金を渡した。そして、義父が設立した建築会社の現場に、毎日のように出て手伝った。韓国から親戚や、知り合いを紹介して、義父の会社で働かせたりもしていた。

今回会った親戚の中にも、義父の会社で働いたことがある人がいて、義父のことを怖い人だったと言っていた。

「辛かったなら韓国に帰って来ればよかったのに、家族なんだから」とみんな母を助けてやれなかったことを、悔やんでいた。韓国の兄たちや姉妹、親戚、みんなが母のことを愛しているから、母が愛した僕を、大事に思ってくれているのだと感じた。そして、ずっと自分勝手だと思っていた母の印象が、変わり始めてきた。全部僕のことを思ってやっていたのだ。

取材スタッフがホテルに戻って、僕とおばさんたちだけになったとき、テレビで放送するのはやめなさいと言われた。わざわざ世間に、人殺しの息子であることを知らせる必要はないし、僕が日本で大変な思いをするからと。しかも韓国人の母が、日本人を殺したわけだから、僕の身にどんなことが起こるかわからない。それで一生結婚できなくなるかもしれないとも言われた。

おばさんたちの反対は、僕の迷いを深めた。みんな心の底から、僕のことを心配してくれている。母のことをたくさん知ることができた興奮と、番組への迷いで、この日はほとんど眠ることができなかった。

三日目の朝、韓国での滞在最終日。よく眠ることができず、早く起きてみると、おばさんたちはまだ寝ている。眠気を覚ますためにシャワーを浴びると、その間におばさんが起きて、朝食を作ってくれた。「スンギュンにたくさん食べて欲しくて、いっぱい作ったから」と言ったのを聞いて、母もそうだったことを久しぶりに思い出した。飛行機の時間が迫っていたため、この日は朝食を食べたら、すぐに空港に向かわなくてはいけなかった。

別れるとき、おばさんは泣いていて、「スンギュン、息子だと思っているから。いつでも帰って来なさいよ」と言ってくれた。その言葉を聞いた瞬間に、涙が出そうになった。でも、目の前で泣いてはいけない。離れるまでなんとか堪えた。

約二十七年ぶりの韓国。こんなにたくさんの親戚たちや、母の幼い頃の知り合いにも会えるとは思わなかった。韓国には辛い思い出しかなかったが、またこの家族に会いに来たいと思った。

空港に向かう車の中で、日本と韓国の取材で生じた迷いを、取材スタッフと話し合う。しかし、答えが出ない。自分の思いを貫いて放送したら嫌だと思う人、心配する人がいる。逆に、自分の迷いのせいで番組を中止にしたら、関係者に迷惑がかかる。どうしたらいいのだろう。

そもそもなぜ放送したいのかも、わからなくなった。中途半端な状態で韓国に来てしまったせいもあってか、取材スタッフに、「前田君が韓国でなにがしたかったのかわからなかった」とも言われた。その自覚はあった。おばさんたちや、親戚のみんなに、もっと母について聞くべきだったのに、それをしなかった。質問を促そうとするスタッフたちを、煩わしいとさえ思った。僕のために一生懸命やってくれているのに。

空港に着き、飛行機に乗る前に、おばさんに電話をした。おばさんは電話でもずっと泣いていた。「スンギュンを息子だと思っているから、辛くなったらいつでも帰っておいで」「スンギュン、愛しているよ」と、僕のことを何度も心配してくれた。「おばさんが泣くと僕も泣きたくなるから、あまり悲しまないで」と伝えても泣き止まなかった。番組の放送については、「スンギュンの人生だから好きにしなさい」と言ってくれた。

日本に戻る機内でもずっと考える。なんのためにこの番組をやるのか。そして、日本の空港に着き、再び取材スタッフと話し合ったときに、放送する決意を伝える。母のことを知って欲しい。人を殺してしまったが、どうしてそうなったのか、母という人を知って欲しい。そう決めた。

自宅に着いて、韓国での取材を振り返る。昔は嫌な思い出しかなかった。けれど、僕も大人になって、当時の母や、おばさんたちの様々な事情を、受け入れられるようになった。なにより、母がみんなに、あんなに大切に思われている。母の大切な家族。そして、僕の家族。家族がいるという事実が、心に安らぎをもたらしてくれる。

次はいよいよ台湾だ。約十六年前、父からのお金の要求を無視して以来、父のことが許せなかったのと、無視した気まずさで、ずっと連絡をしていなかった。父からもそれきり連絡がこなくなった。いつか許せたときに連絡をしよう。そう思っているうちに、こんなにも月日が経ってしまった。

昔、父からもらった手紙には、電話番号が書いてあった。取材が始まった当初から、何度もその番号に電話を掛けているが、誰も出ない。時間帯、曜日を変えて掛けても、呼び出し音は鳴るが、誰も出ない。もしかして、父はもう亡くなってしまったのか。そんなことが頭をよぎる。心臓病のこともあったし、元々体は丈夫な方ではない。年齢ももう若くもない。そもそも父は今いくつなんだろう? 僕はそんなことも知らない。

何度電話しても繋がらないため、台湾の現地スタッフに、手紙に書いてある、昔祖父と父と住んでいたマンションの住所を訪ねてもらうことにした。しかし、何度行っても、誰にも会うことができないと言われた。せめて安否だけでも確認したくて、現地スタッフに、役所で父の生存を問い合わせてもらったが、身内以外には教えることはできないと言われた。

取材スタッフと話し合い、とりあえず台湾に行って捜すことになった。高校二年生の夏休み以来、約十八年ぶりに訪ねるもう一つの故郷、台湾。

父は生きているのか。会えたとして、あのとき無視をした僕をどう思っているのか。父からなんの連絡もなかったということは、もう僕のことを、息子だとは思わなくなったのか。どんな風に思われてもいい。今はただ、父に一目会いたい。


台湾に着くと、韓国に行ったときとは違い、とても懐かしい匂いがした。確かにこの地で生活していた匂い。まずは、手紙の住所を頼りに、父を捜すところから始まった。

手紙に書いてある住所から最寄り駅を割り出し、当時通っていた小学校の名前を検索して、まずは小学校を目指した。初めて台湾で電車に乗る。窓から見える景色は、あの頃とそんなに変わっていないが、最寄り駅に近づいても風景に見覚えはなかった。

駅から小学校に向かう道も、まったく記憶になかった。携帯のナビが、間もなく小学校に到着しようとしているのに、周りの建物に見覚えはない。しかし、次の角を右に曲がるともう小学校というところに着いたとき、一気に見覚えのある景色になった。僕が生活していた頃は、自宅から小学校に向かう道が行動範囲で、駅の方向に行くことはなかったから、見覚えのある景色がなかったのだ。

小学校に着くと、膝を竹の棒で刺された廊下が見えた。グラウンド、バスケットコート。小学校の目の前にある古い果物屋さんも、当時のまま営業している。校門を越えて、右に曲がると急で長い坂道、パン屋、お肉屋さん。どれもはっきりと覚えている。新しくコンビニができたりしてはいたが、当時からあった店もまだたくさん残っていた。

もうナビに頼らずに、当時住んでいたマンションに向かえる。マンションが近づくにつれ涙が流れてきた。もっと早く台湾に戻ってくるべきだった。あのとき、父の要求通りにお金を貸していたら、こんなに長い間連絡が途絶えることもなかったのに。無視した後ろめたさもあって、約十六年も連絡を取らなかった。そのせいで今は生きているかどうかもわからない。

父にお金を貸して欲しいと言われたことは、取材スタッフには伝えていなかった。今回のメインは、あくまで母と僕との話であり、取材スタッフの父を見る目も変わってしまいそうで嫌だった。だから、マンションに向かう途中で流した涙の本当の理由を、スタッフはわかっていなかったはずだ。

当時住んでいたマンションにたどり着いた。懐かしい外観。入口にあるオートロックの呼び鈴を何度か鳴らしてみたが、反応はない。二階の部屋を見上げると、ベランダにTシャツが一枚干されていて、窓もかすかに開いている。誰かが生活している感じはある。しかし、今は人の気配はない。なにか情報が欲しくて、目の前を通った男性に、父の風貌を説明して尋ねる。しかし、長年話していなかったせいで、僕の台湾語ではあまり伝わらない。慌てて通訳スタッフに訳してもらうと、近くの公園で見かけたことがあったかも、と教えてもらった。父とすれ違いにならないように、僕が訪ねて来たことと、電話番号を紙に書いて、呼び鈴のところに貼った。

そして公園に行って、見かけた人に、父のことを尋ねる。はやる気持ちから、自分で話しかけるが、うまく伝えられずにもどかしい。通訳スタッフに手伝ってもらいながら、公園にいた何人かに尋ねたが、有力な情報はない。とにかく生きていることを確認したい一心で、公園のそばの警察署に行った。そこで、父の息子であることを伝えて、生きているかどうかだけでも、知りたいとお願いする。怪訝そうにされたが、説明をしてなんとか信じてもらった。父の最近の身分証明書の写真を見せてもらい、父が生きていることだけを教えてもらえた。

写真で約十八年ぶりに見た父の顔。そして生きているという事実。それだけでほっとした。お礼を言い、警察署を出る。父の現在の住まいを確認するため、今度は役所に行き、父の居場所を捜してもらう。父は、住む場所を何度か変えていたことを教えてもらえたが、今どこに住んでいるのかの確証は得られなかった。

ひとまず、やれることはすべてやったため、とりあえず休憩することにした。そしてこれからどうするのかを話し合った。もうできることはないし、マンションに紙を貼っても、電話は掛かってこない。それでも時間をすこし置いて、もう一度マンションに行ってみようと決まった。

夕方頃、再びマンションに向かった。貼り紙はそのまま。干されたTシャツ、すこしだけ開いている窓。状況はなにも変わっていなかった。そこに、マンションの一階の住人がちょうど帰って来た。慌てて話しかけて、上に住んでいる人を知らないかと、尋ねた。すると、「上に住んでいる人ならとっくに死んでいるよ」と言われた。

警察署では生きていると言われたのに。もう父には会えないのか。やはり来るのが遅かったのかと後悔しだしたそのときに、一階の奥から、別の人が出て来て、「上に住んでいる人なら、いつも夜十時頃に帰って来るよ」と教えてくれた。
頭が混乱する。ついさっき死んでいると言われたのに、すぐに生きていると知らされる。さっきの人はどうしてそんな適当なことを言ったんだと腹が立った。でも、唐突に質問をされて、深く考えずに返事をしたんだろう、と自分を抑えた。

夜の十時まで三時間ほどあった。僕たちは一旦ホテルに戻ることにした。部屋で色々考える。もし、十時頃に帰って来る人が父なら、もうすぐ会える。会えたら、父はどんな反応で僕を迎えてくれるのだろう。こんなにも長い間、帰って来なかった僕を。しかし、もし父じゃなかったら、もう捜す手立てはない。
父であることを願い、夜の十時前にマンションに向かった。建物に近づくと、ベランダに、一枚だけ干してあったTシャツがなくなっていた。さらに近づいて角を曲がると、部屋に明かりがついている。そしてシャワーを浴びる音がかすかに聞こえる。僕は思わず下から「お父さん！」と叫んだ。「僕だよ。スンギュンだよ」とさらに叫んだ。近くの家から、何事かと怪訝そうに顔を出す人が何人かいたが、気にする余裕はなかった。あの明かりの中にいるのは、父なのだろうか⁉

シャワーの音が止まり、人が動いている気配がする。その気配はベランダの方に移った。僕もベランダに向かう。すこしすると、誰かがベランダに出てきた。それは、約十八年ぶりに会う父だった。再会できた喜びと安心感、もっと早く会いに来るべきだったという後悔から、僕はすぐに泣いてしまった。会えてよかった。生きていてくれてよかった。

こちらの思いをよそに、二階にいる父は、驚くほど落ち着いた様子で「おお、お前か」と言った。約十八年ぶりに再会したのに、つい最近会ったばかりのようだった。それがまた父らしいなと思った。一階に父が降りてくる。取材スタッフがいることに戸惑う父。今回会いに来た経緯を説明する。日本から電話をしても、全然連絡が取れないから、取材スタッフの力を借りて、直接会いに来たことも伝えた。

泣きながら、来るのが遅くなってごめんねと父に伝えた。父は戸惑いながらも、僕たちを二階の家に入れてくれた。もし、父が夜の十時頃に帰って来ることを教えてくれる人がいなかったら、「もうすでに死んでいる」と言った人の情報しかなかったら、どうしていたんだろう。父には本当に二度と会うことはなかったのだろうか。それとも、次の日にもう一度来て、再会できたのだろうか。


かつて住んでいた家のリビング。家具がすこし変わっていたが、あの頃の懐かしい匂いはそのまま残っている。ソファに座り、改めて父と向き合う。まだ戸惑っている父に、何度電話しても、誰も出なかったことを伝えると、父は二か月前まで別の場所に住んでいて、最近になってこのマンションに戻って来たと言った。

そして、父も僕を捜そうと思っていたという。仕事で成功して、お金ができたら捜そうと考えていたと。お金がなかったら、見つけてもなにもしてあげられないから。でも、その願いは叶わず、仕事はことごとくうまくいかず、結局これまで僕を捜すことはできなかった。その間は、どうか僕が健康で過ごしているように、と願っていたそうだ。

父と会話する中で、突然父の口からＬＩＮＥ、Facebookという、聞き慣れた単語が出てきたことに驚いた。父はＬＩＮＥもFacebookもやっているようで、すぐにアカウントを伝えて父と繋がる。そして、Facebookで初めて父の生年月日を知った。

もっと話したかったが、たまたま翌日は父の仕事が休みだったのと、この日はもう遅く、父に休んで欲しかったため、ホテルに戻ることにした。翌日にまた来ることを告げ、一旦別れた。父に会えた興奮で、ホテルに戻っても眠ることができず、ベッドの上で何度も寝返りを打っていると、朝四時半頃に父から、「ちゃんと寝ているか？」というＬＩＮＥが届いた。父といつでも連絡が取れるようになった。こんな当たり前のことが、ようやくできるようになった。

翌日、父が昔よく食べていたお菓子を買って行ったが、父はいま甘い物は、あまり食べないようにしているとのことだった。でも、父は僕と取材スタッフのために、ビールを買って来てくれた。

一緒にお酒を飲めるなんて。いつか父と再会したときに、一緒に飲みたいという夢が叶った。そして、飲みながら話を聞いた。

父は韓国で生まれた。僕は父を四人兄妹だと思っていたが、実際には八人兄妹だった。

父が韓国で生まれたのは、元々中国にいた祖父が、戦争から逃れる形で韓国に渡ったからだった。その後、祖父は長く台湾人小学校の校長を務めていたが、祖母が年齢を重ねて足を悪くしてしまい、韓国の冬場の寒さと、雪で足を滑らせる危険があったため、祖父と祖母は暖かい台湾に移ることにした。

しかし、祖母は台湾に渡ってすぐに亡くなった。僕には祖母の記憶はない。それからすこしして、父が四十歳のときに、父と僕も台湾に移り住んだ。

父は韓国で教師として働いていたが、給料が安かったため、別の仕事を探そうとしていた。そんなときに、たまたま入った食堂で母が働いていて、そこで二人は出会った。父は母を一目見て「綺麗な人だ」と思ったそうだ。そして人に紹介してもらって、母と知り合うことができた。

二人の出会いの話を聞きながら、韓国のおばさんから聞いた内容と違うと思ったが、父がとても懐かしそうに話をしていたから、指摘しなかった。それぞれの中で、大切な思い出として刻まれているなら、それでいいと思った。

父が三十二歳、母が二十五歳のときに二人は結婚し、翌年に僕が生まれた。僕が生まれたとき、母はとても喜んでいたそうだ。

普段は父に甘えなかった母だが、一度だけ酒に酔ったふりをして、父に甘えたことがあったそうだ。酒には強いはずで、酔ってもいないはずなのに、そのときは優しくしてもらったと。

母は強いという印象しかなかった僕にとっては、母の女としての部分をはじめて垣間見た気がして、すこし照れてしまった。

母は僕が三歳のときに、日本に出稼ぎに行った。母が日本に行くときに、僕になにかを言っていたか、と父に訊ねると、「まだ小さかったから、理解できないと思ってなにも言ってなかった」と言われた。

母は日本に発つ日、どんな思いで僕を見ていたのだろう。父もまた、日本に行く母をどんな思いで見送ったのだろう。僕たち三人が、家族として過ごした期間は、三年間だけだった。そんなかけがえのない三年間の記憶が、僕にはほとんどない。

母と父が、正式には結婚をしていなかったことも、初めて聞かされた。当時は国際結婚の手続きが難しかったせいもある。母と父のそれぞれの親、親戚、友人を招いて、結婚式を挙げたが、婚姻届は出していなかった。

母は僕を大学まで行かせるために、日本に出稼ぎに行った。母は兄妹が多く、親から教育費を出してもらえず、小さい頃から苦労したせいで、人一倍成功したいという気持ちが強かった。父と僕が台湾で生活をしていた頃に、日本にいる母から、義父と結婚するから父とは離婚したい、という手紙が届いた。二人は韓国にいたときから離婚していたんだと思っていたが、それは間違いだった。

母と僕の昔の写真も見せてもらった。韓国の家の近くの海で撮った写真。母はとても愛おしそうに僕を抱きしめていて、僕も幸せそうな表情をしている。どの写真でも母が僕を大事に抱きしめているのがわかる。

夏休みに台湾に帰ったときに、父に渡した写真も、アルバムの中に収められていた。

母が義父を殺して自殺したことを、どう思うのか聞いてみた。父は、「お母さんはとても情熱的で、真っ直ぐな人だったから、自分の人生に後悔はないだろう。親孝行もちゃんとして、兄弟姉妹にも優しくして、最後は自分が納得のいく形で、復讐もしたのだろう」と言っていた。復讐……。そんな考え方もあったのかと思った。

それでも父は、時々寂しくなると、なぜ母は自殺したのだろうかと考えるそうだ。今でも母のことを思い出すかと訊ねたら、「思わない日はない」と言っていた。母は生涯で愛したたった一人の女性だと言っていた。

父の心臓病は治っていた。病院に通い、薬を飲んでも、なかなか病状は良くならなかった。しかし、すこし前にようやく良い医者に出会い、正しく処方された薬を飲んで、その医者の言う通りに、生活習慣を改善していったら治った。そのため、今はお菓子を食べないようにしている。無事に治ってくれたことに安心した。

取材スタッフが、外の風景を撮りたいということで、すこしの間家から離れた。父と僕と通訳スタッフの三人になり、それからも父に色々な話を聞いた。途中で僕がトイレに行くと、通訳スタッフには見えないところに父に連れて行かれ、小声で「お金に困っているのか?」と聞かれた。僕がお金に困ってテレビの取材を受けたと思ったようで、そう思われたことが悲しかった。

生活費には困っていないことを伝えると、父は、「すこしは貯金があるから、困ったらいつでも言いなさい」と言った。久しぶりの再会なのに、父に余計な心配をかけてしまって、申し訳なかった。

その夜、父と一緒に夕食を食べに行くことになった。約十八年ぶりの父との食事。その日の朝四時半頃に、ＬＩＮＥを送ってきた父に、ちゃんと寝なかったのかと聞くと、「お前が昨日突然現れたから、今までのことをたくさん思い出して、興奮して眠れなかったんだ」と言った。食事の途中で父に、「いつ台湾に戻ってくるんだ？」と聞かれた。父に「台湾に戻って欲しいの？」と聞くと、「もし日本で寂しい思いをしているなら、いつでも戻って来なさい」と言ってくれた。父との食事に嬉しさを感じつつ、もう母とは二度とこういう時間を過ごせないんだと思うと、急に涙が溢れだした。

母に会いたい。無性にそう思った。母に会って話がしたい。一緒にご飯が食べたい。もう一度アカスリをさせて欲しい。父からは「もうお母さんのことで悲しむのはやめて、自分の人生をしっかり生きなさい」と言われたが、それは果たしてできることなのだろうか。

父は次の日は朝から仕事のため、食事を終えるとすぐに別れた。翌日、日本に戻る前に、父が働いている食堂に挨拶に行く約束もした。

父と別れてホテルに戻る。母のことを思うと、部屋に一人でいるのが息苦しくなった。散歩にでも出ようと思っていると、取材スタッフが、「よかったら、一緒に街に出て散策しませんか？」と声をかけてくれた。

大人になってから、初めて歩く台湾の街。小さい頃、台湾で暮らしていたときは、いじめと戦っていて、学校をさぼって、家出をして、警察に捕まっていた。初恋以外で、いい思い出と呼べるものはほとんどなかった。

でも、大人になってから見る台湾の印象は、あの頃とはまるで別物だった。街はとても綺麗になっていて、たくさんの観光客で賑わっているのが誇らしく思えた。ようやく台湾を好きになれそうな気がして、忘れられない素敵な一日になった。

帰国当日、父が働いている食堂に会いに行った。前の日に、父が住所を書いてくれていたが、店の名前が書かれていなかった。とりあえず書いてある住所まで行くと、その辺一帯には、たくさんの飲食店があり、住所だけで父の食堂を見つけるのは不可能だった。

父が話していた店の特徴を、近所の人に聞こうとしたが、取材スタッフのカメラがあるからか、みんな逃げるように去って行く。しばらくして、ようやく話を聞いてくれる人がいて、なんとか見つけることができた。

店に着くと、父は照れ臭そうにキッチンから出て来た。僕のことを伝えてあったからか、店の人たちも、温かく見守ってくれた。父が一緒に働いている人たちに愛されていることを、そこで実感できた。久しぶりに父の作った料理を食べたかったが、緊張して手が震えてうまく作れないから、と断られた。

父や、店の人たちと話していると、突然父が通訳スタッフを連れて、離れたところに行き、なにかを話し始めた。話し終えると、取材スタッフにお礼を言い、僕にも握手をして、またキッチンに戻って行った。父が涙を堪えているのがわかった。その表情を見て、またすぐに会いに来ることを伝え、父と別れた。

店を出て、通訳スタッフに、父となんの話をしていたのか訊ねると、「僕に直接話すと泣いてしまって、うまく伝えることができないから、あとで伝えて欲しい」と父に言われたそうだ。その内容は、母が亡くなったことを僕に聞かされた日に、父はある夢を見た。夢の中に母が出てきて、母が泣いているから、「どうしたの?」と聞くと、母は父の方に走って来て、父を抱きしめた。そのあと、父の元を離れてどこかに行こうとするから、「どこに行くの?」と父が聞くと、母はすっと消えていなくなった。母が最後に夢の中に会いに来てくれた。そう思った父はとても嬉しかったと。

僕が幼い頃から、父は母にいつも強い口調で怒られていた。ずっと、ずっと、母に一方的に言われっぱなしだったのに、それでも父は、母のことを愛している。亡くなってからも、父の心の中には母がいる。

その事実が僕に重くのしかかってきた。なぜなら、僕も母のことを愛していることに気付いたからだ。気付いたというより、その気持ちは、本当はずっと胸の中にあったのに、いつからか、見ないようにしていた。母のことを愛していたのに、その事実から目を背けていた。そばにいて欲しかったのに、いつもいなくなる母。守って欲しかったのに、そばにいない母。

母のせいで僕はずっと寂しい思いをしていた。いつも僕の意見を聞こうともしないで、自分だけで決める母。日本に来てからは母の目には、僕よりも義父が映っているように見えた。本当は僕のことも深く愛してくれていたのに。素直に甘えればよかったのに。ずっと愛していたのに。後悔が溢れる。僕はただ、母のことが大好きで、いじわるをしていただけだった。

日本、韓国、台湾の取材でわかったこと。それは、母の肉親で僕だけが、母を憎んでいたということだ。日本では、母にたくさんの友達がいたことを、知ることができた。

韓国では、母の兄妹たちは、みんな母のことを今でも大切に思っていて、助けられなかったことを後悔している。母の代わりに僕のことを息子だと思ってくれる人もいる。

台湾の父は昔も今も、ずっと母のことを愛している。それなのに、一番近くにいた僕が、なにもしてあげられなかった。母の助けを求める声に、一度たりとも応えなかった。僕が一番悪いのに。一度もちゃんとお母さんと呼ぶこともできなかったのに。僕だけが母を憎んでいた。

それが悔しい。

　大好きな母のはずなのに、なんで、なにもしてあげられなかったんだろう。日本で一緒に過ごした時間を、なんでもっと大切にしなかったのだろう。

　母が僕のことを愛してくれているのを感じていたはずなのに、素直になれずにつっぱって拒んでいた。なんでいつも母を悪く思ってしまったのだろう。それが悔しくて、情けなくて、どれだけ後悔してもしきれない。母の愛に対してたったの一度も、「お母さん」と返すことができなかった。お母さんに会いたい。会って許しを請いたい。情けない息子でごめんね。親不孝な息子でごめんね。そして、憎んでいてごめんね、と。

　母は絶対にやってはいけないことをした。それでも、息子の僕だけは母のことを愛し続けたい。そう強く思った。

日本に帰国後、幼い頃に母と撮った写真と、台湾の父と再会後に撮った写真を、一枚の額に入れて飾った。高校生の頃に思い描いた形ではないが、僕にとっての一枚の家族写真ができた。僕の大切な宝物。

第六章　父とともに生きていく
――日本　34歳〜現在

日本に戻ったあと、台湾の父からＬＩＮＥで連絡があった。そこには、「お母さんがこうなってしまったのは、全部自分に能力がなかったからだ。それがお前に知られてしまう日が、いつかくるのをずっと怖いと思っていた。悪いのは全部自分で、お前はどうかお母さんのことで苦しまないでくれ」と書いてあった。そして、父が後日、自身の Facebook にある投稿をした。そこには、「母の愛は海のように深く、けっして涸れることはない」と書いてあった。

数か月後、「ザ・ノンフィクション」が放送された。覚悟を決めていたとはいえ、不安や恐怖もあった。幸い、放送される時間帯は、舞台の稽古があり、周りに仲間がいてすこし安心だった。

放送が終わった頃、稽古の休憩時間にＳＮＳを見ると、たくさんのコメントが入っていた。韓国人の母が、日本人の義父を殺したという内容だけに、辛辣な感想を覚悟していたが、投稿されていたのは、どれも励まされるような、温かい言葉ばかりだった。

台湾の父が母のことを思っていたことも伝わっていた。もらった一つ一つの言葉に、勇気が湧いた。母のことを知ってもらえてよかった、この番組に出演してよかったと思った。

僕の誕生日に、父にLINEで、「今日は誕生日だよ」と伝えたら、父が「おめでとう」と祝ってくれた。おめでとうと言ってもらえたのは何年振りだろう。一緒にいた頃、誕生日にケーキを買ってきてくれることはあったが、恥ずかしがり屋の父から、おめでとうと言われた記憶はない。家族からおめでとうと言われるのは、こんなにも嬉しいのか。

取材で台湾に行ってから五か月後、日本にいる友人と、旅行も兼ねて父に会いに行った。父とはなにをするわけでもなく、ただ一緒にいて、一緒にお弁当を食べた。

一緒に行った友人からは、「もっと話さなくてよかったの？」と聞かれたが、このゆっくりとしたペースが、きっと父と僕にはちょうどいいのだ。友人にも見て欲しくて、また父のアルバムを見せてもらう。父はアルバムを日本に持って帰ってもいいと言ったが、父にもたまには見て欲しいから、携帯のカメラで写真を撮るだけにした。

父の家を訪ねた翌日、友人と故宮博物院に行ったときのこと。大きな入口を見て、なにか見覚えがあると思い、携帯で撮ったアルバムの写真を見返すと、母と小学生のときの僕が、同じ場所で撮った写真があった。撮ったのはきっと父。ここに三人で来たことがあったと、初めて知った。母と父と一緒に来た場所に、こうしてまた来られたこと、それがなんだか嬉しかった。

二〇一九年二月。「ザ・ノンフィクション」の取材で知った、たくさんのことを踏まえて、母を描いた三度目の作品を、舞台で上演した。母の十七回忌に際しての思いと、母への謝罪と感謝を込めて。

取材を受ける前の舞台では、母役の役者からの、「スンギュン、お母さんのこと、好き？」という問いに対して、曖昧な返事で返していた。だが、このときは、「スンギュン、お母さんのこと、好き？」という問いに対して、力強く「うん！」と返すことができた。そうできたことが、すこしでも母に対する親孝行になっていたら嬉しい。

「ザ・ノンフィクション」を見て、舞台を観に来てくれた人も何人もいた。その方々を含め、多くの感想をもらった。

「時に息が詰まる程の大きな愛。家族だからこそ、言葉が足りなくて、当たり前と思ってて、後から後悔してももう戻らない。でも、当たり前じゃない愛を、覚悟を持って受け止めようとした時、その想いはどんなに時間はかかっても必ず届くと信じたい」

「辛かったり、悲しかったり、怖かったり、しんどかったりして、心が受け止めきれずに涙が溢れてきた。でも最後は、安堵のような歓びのような涙になった。誰かを赦すことで、自分も赦される。お母さんの魂と前田さん自身のために、座組の愛がまた泣けた」

「ひとりの女性の絶望を見てしまった。それはもうどうする事も出来なかったんだろう。もがき苦しんで最後まで戦って。戦う相手も最後は見失って。愛する一人を残し、愛する一人を連れて逝ってしまった」
中には「どんなことがあっても、人を殺した人を美化してはいけない」という意見もあった。その意見には返す言葉がないが、それでも、母と僕のことを見て欲しい。許しがたいことをした母と、それを舞台で上演している僕の思いを届けたい。

母と義父が眠っているお寺には、定期的にお参りしていた。番組の取材がきっかけで、初めてお寺の家族の方々とも話をさせてもらった。昔からずっと気にかけていたと言ってくれた。三度目に母の舞台を上演したときも、わざわざ東京まで観に来てくれた。舞台が終わり、その報告をするために、キャスト数名とお参りに行ったときは、食事もご馳走してくれた。さらに、「うちを自分の家だと思って、いつでも寄っていって」と言ってくれた。

その帰り、東京に戻る途中に、番組がニューヨーク・フェスティバルというコンテストの、ドキュメンタリー部門で入賞したという知らせが入った。
母に会いに行った帰りに連絡がきたことに、不思議な縁を感じた。そして、海外で評価されたことに、大きな勇気をもらった。

母に、「産んでくれてありがとう」と言いたくて始めた母の舞台。一回目は三〇五名に観てもらったが、二回目には六五八名に増えた。それから「ザ・ノンフィクション」に繋がり、テレビでたくさんの方々に見てもらった。その次の舞台では、七五四名の方々が足を運んでくれた。そしてニューヨーク・フェスティバルという場所で、海外の方々にも見てもらって、さらに賞までいただいた。「ザ・ノンフィクション」はその後に地上波と、ＢＳフジでも再放送された。小さな積み重ねが、どんどん広がっていく。

母は絶対にやってはいけないことをした。それは息子の僕や、母の兄妹、親戚、友人、台湾にいる父が、いくら母のことを大切に思っていたとしても、間違いのない事実。

そして、僕がやっていることも、自己満足でしかないし、やっていいのか毎回自問する。悩みぬいた末に行動に移し、それを観た方々から、たくさんの感想をいただく。誰かの救いになる、誰かの希望になる。これも間違いのない事実。ここまでの過程を経て、やっていいのだ、母との話を表現していいのだ、と思えるようになった。

僕の母は、人を殺すという絶対にやってはいけないことをしてしまった。その事実はなにがあっても変わらない。でも、なぜそのことが起きてしまったのか、どんな人がそれをやってしまったのか。その中身を知って欲しい。全力で尽くし、愛し、懸命に生きた、僕の母の人生を知って欲しい。

「ザ・ノンフィクション」の再放送のとき、最後のナレーションが、「またいつか、会いましょう」だった。これが母の思いを代弁してくれているように感じて、とても有難かった。母に許してもらえたような気持ちになれた。

二〇二〇年二月、父の七十歳の誕生日を祝うために台湾に行く。日本でも新型コロナウイルスのことが、連日のようにニュースで流れていた。台湾ではすでに観光客に対する警戒レベルが高く、父からも、「時期をずらしたら？」と言われたが、誕生日当日が、父の仕事が休みの日だったから、なんとしてでも直接祝いたかった。

最大限の予防をしつつ、前の晩に台湾に着き、父に会いに行った。家に向かうと、父がベランダに出て、僕の到着を待ってくれていた。子供の頃は、いつも僕が父の帰宅を待っていたのに、今度は父がそうしてくれている。その姿が可愛らしくて、笑みがこぼれる。それから、父が用意してくれた料理を食べて、しばらく話した。

それまで訪ねたときは、ホテルに泊まっていたが、このときは僕一人のため、二十数年ぶりに父の家で寝た。昔のままのベッドは、僕の身長にはもう合わず、かなり窮屈だったが、ようやくちゃんと帰ってきた気がした。


翌朝、起きると父はまだ寝ていた。せっかくだからと一人で散歩に出かけた。家出して寝ていた公園に行ってみたり、通っていた小学校の周りもゆっくり歩いてみる。父からお弁当を届けてもらった場所や、好きな子にマンガを渡した教室。たくさんの思い出が詰まっている。

ひとしきり散歩したあと、家に戻ると父が起きていた。父に、「誕生日おめでとう」と言うと、照れ臭そうに笑っていた。たぶん、初めて父に誕生日おめでとうと言った気がする。二人で記念写真を撮りたくて、携帯のカメラをタイマー設定にして撮ろうとした。でも、じっと待つのが恥ずかしいらしく、父が動いてしまう。そのため何回も撮り直すことになった。結果、全然思い通りの写真を撮れなかったが、代わりに、二人の自然な笑顔の写真が撮れた。

この日も、特別なことはせず、一緒にご飯を食べて、ビールを飲んだ。父と再会してからは、取材スタッフや、友人と一緒だったが、今回は初めて二人きりで過ごした。

父は、僕が小学生の頃から只者ではないと感じていたそうだ。「お前が小さい頃、俺はなんて子供だと思っていたよ。そんな年で学校をさぼったり、家出したり、警察に捕まるやつはそうはいない。お前がちゃんと学校に行くように、小学校の門のところまで、送り届けたことがあった。ここまで送り届けたら、ちゃんと学校に行ってくれるだろうと思って、仕事に向かうバスに乗ったら、そのバスの窓から、お前が全然違う方向に走って行くのを見たことがあったよ。あのときはバスの中で、なんとも言えない気持ちになった。そんなに学校に行くのが嫌なのかって。あとは、外で一回会っただけの同じ年頃の子たちと、すぐに仲良くなって、うちに遊びに連れて来たり。この子は友達を作るのが上手だなと思った」と、懐かしそうに話した。

僕が母のことを舞台で上演したことと、テレビでも放送されたことについて、どう思うのか聞いてみた。父は、「お前の人生だ。自分の好きなように、納得ができるようにしなさい。お前のお母さんも、自分の納得のいくように、自分の人生を選んだ。俺も精一杯生きている。だから、お前も自分の好きなようにしたらいい」と言ってくれた。

父の誕生日の翌日。日本に帰国する前に、仕事に向かう父をバス停まで送って行く。その途中で、今回会いに来た、もう一つの目的を果たす。それは、父に謝ること。母が亡くなったあとに、父からお金を貸して欲しいと頼まれたとき、僕はそれを無視した。あのとき、素直にお金を貸していたら、こんなにも長い間会わずにいることもなかったのに。ごめんね、と謝った。

すると、父はすこし苦笑いをしながら、「もしあのときお前からお金を貸してもらっていたら、そのお金は騙されて持って行かれていたよ」と答えた。「あのとき、知り合いに一緒に仕事をしないかと誘われて、その人にお金を要求されたから、お前に貸して欲しいと頼んだんだ。それでお前から連絡が来なくなったから、少ないけど、俺が持っているすべてのお金をその人に渡した。そうしたら持ち逃げされたよ。もしあのとき、お前がお金を貸してくれていたら、そのまま持って行かれていた。そうなってしまったら、それこそお前に合わせる顔がなかったよ。それからは自分の生活を立て直すのに必死で、お前に連絡をする余裕がなかった。お金がない状態で連絡しても、なにもしてあげることもできないと思っていた。だからそのことは気にすることはない」。そんな風に父から聞かされた。

会っていなかった長い間、お互いが懸命に生きていた。父にちゃんと謝ることができてよかった。そして、父からお金についてのその後の話を聞けてよかった。バス停まで送り、父から、「俺のことは気にする必要はない。国から年金も出ているし、貯金もすこしある。あとちょっとだけ仕事をして、貯金の額をすこし増やせたら、もう仕事をしなくても生きていける算段もついている。だから、お前のお金は自分のために使いなさい。そして、ちゃんと年を取ったときのために、今から計画的にお金を貯めなさい。そうしないと、俺みたいに七十歳を過ぎても、毎日働かなければいけなくなる。俺の弟や妹たちは、もうとっくに退職しているのに、俺は騙されてお金を取られたり、自分で店を開いてもいつも失敗ばかりで、ちゃんと計画的にお金を貯めてこなかった。だからいま惨めな思いをしている。お前にはどうか、こんな思いをして欲しくない。それと、体のことにも気をつけて」と言われた。

父の思い。僕が父に対して、なにもできなかったことを悔しいと思っている以上に、父も僕に対して、なにもできない状態を悔しいと思って生きている。バス停で父と別れる。僕はバスが来るまで一緒にいたかったが、父から、「ここで待っていてもしょうがないから、もう行きなさい」と言われた。一緒にいたいと思っていても、そう言ってしまう。父らしい照れ隠し。僕にもそういう一面があるからわかる。親子なんだなと思った。

父の言葉に従い、バス停から離れることにした。そのときの父の表情。中学、高校生の夏休みに台湾に帰って来て、日本に戻るときに、空港で別れるときの表情とまったく一緒だった。

おわりに

取材スタッフの皆さまのご協力に、感謝を捧げます。皆さんの力強い後押しがなかったら、母の知人に話を聞くことも、韓国に帰ることもなかった。そして、いつか帰ろう、と思い続けていた、もう一つの故郷の台湾。取材スタッフの皆さんが行きましょう、と言ってくれなかったら、いまだに帰っていなかったと思う。彼らの熱心な聞き込みがなければ、父にも出会えなかった。

取材スタッフの皆さんには、心より感謝を申し上げます。本当にありがとうございました。

中学、高校の友達、仲間。職場の先輩方。舞台を始めてから出会った、たくさんの役者仲間。バスケを通じて知り合えた方々。私の企画する舞台に出演してくれた仲間、支えてくれたスタッフたち。私が今、こうして生きていられるのは、間違いなく、出会ってくれた皆さんのおかげです。

私は小さい頃から、惨めな思いをたくさんしてきて、ただ生きているだけで、色々なことを我慢してきました。でも、外国人や、加害者の家族だから、ずっと我慢しなくてはいけないのか。自分が思っていることを、言ってはいけないのか。私はもう大人で、今は自分にできることで、世の中に対して戦いを挑みたい。母の舞台も、テレビの放送も、今回のこの本も、私はそういう覚悟でやっています。私にも自分の意志で生きる権利があるのです。

この一連の活動は、義父や、義父の親族の皆さん、関係者の皆さんに、ご迷惑をかけるかもしれません。ただ、決して悪い評判を流したいわけではありません。母と私の生きてきた時間を語る上で、どうしても出てしまうのです。どうか、ご了承いただけると、幸いです。

私は文章を書くことは苦手です。母のことを舞台にしたときも、「ザ・ノンフィクション」も、私の話を元に脚本家や、取材スタッフの方々が作品や、番組にしてくれました。

それらの作品は素晴らしいものでしたが、私のことを守りながら、綺麗に作ってくれているようにも感じてしまいました。だからなのか、たくさんの方々がかけてくださった温かい言葉を、どこか申し訳なく思っていました。

私はそんな言葉をもらえる人間なのか。だから、今回は私自身で、できる限り美化せずに、母と私の人生で起こったことを書きたいと思いました。最初からすべての出来事を振り返りながら書き進めると、やはり自分がとんでもなくおかしなやつで、親不孝者であることを痛感します。それらも含めて、全部を届けたいです。

私が母のことをどう思っても、母のやったことは決して許されることではありません。ですがその上で、息子の私だけは、どんなことがあっても母の人生を受け止めたいのです。

叶えたい夢を一つ。「大学卒業」。大学は一年間だけ通って、二年生になる前に自主退学をしました。その決断を後悔しているわけではありません。ただ、台湾の父から母は小学校しか卒業していないはずだと言われました。自分が学業で苦労した分、息子にはきちんと大学まで卒業させたい。その親心を番組の取材を通じて、初めて理解することができました。亡くなった母にできる一つの親孝行。いつか、絶対にやりたいと思っています。

母が生前、何度も義父のことを殺してやると言っていた頃に、「あんたも子供ができたら、お母さんの気持ちがわかるから」と話していたのを、たまに思い出します。私に子供がいないせいか、その気持ちを知ることはまだできていません。

しかし、私は今働いていて、母が出稼ぎに行ったことのすごさを、知ることはできました。母が日本に出稼ぎに行ったのは約三十六年前。外国人が働くのは、今よりももっと厳しい環境だったと思います。母は異国の地で、恐らく言葉もまだ流暢に話せない中、それでも汗水垂らしてがむしゃらに働いていました。

すべては私のために。私にお金で苦労させないために。私に大学を卒業させるために。母にはどれだけ感謝してもしきれません。なのに、私は母にまったく親孝行らしいことができませんでした。今、それを思うと胸が張り裂けるほど辛いです。

どんなことがあったとしても、理解できる日がくると、私は思えるようになりました。親子であればなおさらです。でも、理解できたときに、相手がいなかったとしたら、それはとてつもない後悔を生みます。この本を読んでくださった皆さんは、どうか、そうなりませんように。

最後に、ちゃんとお酒が飲めるようになった今、一度でいいから母と一緒に飲んでみたかったです。「世の中捨てたものではない」という母からもらった最後の言葉を胸に刻みながら、精一杯歩いていきたいと思います。

本書は書き下ろしです

前田勝　Sho Maeda

1983年、韓国人の母と台湾人の父の下、韓国で生まれる。7歳まで韓国、12歳まで台湾で暮らす。日本人と再婚した母に呼ばれて12歳で来日。大学入学直前、母が義父を殺して無理心中を図る。大学中退後、東京NSCに入学。卒業後は舞台俳優となる。客演の傍ら劇団を主宰し、母の事件を描いた舞台を上演。2018年、ドキュメンタリー番組「ザ・ノンフィクション」に出演し、母の生涯を辿る。同番組は北米最大級のメディアコンクール「ニューヨーク・フェスティバル2019」ドキュメンタリー・人物伝記部門で銅賞を受賞。2021年『茜色に焼かれる』（石井裕也監督）で映画初出演。舞台にも立ち続けている。

遠《とお》い家族《かぞく》　母《はは》はなぜ無理心中《むりしんじゅう》を図《はか》ったのか

発　行　2023年3月30日

著　者　前田勝《まえだしょう》

発行者　佐藤隆信

発行所　株式会社新潮社

〒162-8711　東京都新宿区矢来町71

電話　編集部　03-3266-5611

読者係　03-3266-5111

https://www.shinchosha.co.jp

カバー写真　Tetra Images／アフロ

装　幀　新潮社装幀室

印刷所　株式会社光邦

製本所　株式会社大進堂

ISBN978-4-10-354991-8 C0095